마음을 얻는 미친 리더십

맹자의 지도자론과 민주주의

마음을 얻는 미친 리더십

김민철 지음

철학과현실사

차 례

저자 소개

전라북도의 촌에서 태어났으나, 본인의 의지와 무관하게 두 살 때 가족의 이사로 강제 상경 당하였다. 학창 시절 내내 모범생이었으나, 고교 재학 시절 강압적 학교 분위기에 반발하다가 아이스하키 스틱으로 50대를 맞고 자의 반 타의 반으로 전학했을 뿐 아니라, 학부모들이 돈을 모아 선생님들에게 전달하는 데 반발하여 학생회를 통해 무산시키는 등 범상치만은 않은 성격이었다.

대학 입시에서 운 좋게(?) 좋은 성적을 받았으나, 이른바 '좋은 과'에 진학하라는 주변의 권유를 물리치고, 삶에 대한 궁금증을 풀고자 서울대학교 철학과에 진학하였다. 이후 박사과정을 마치기까지 20년 가까운 기간 동안 철학을 공부하였으며, 대학원 시절에는 서울대 입학보다 힘들다는 한국고등교육재단의 동양학연구장학생 선발 시험에 합격하여 하버드를 비롯한 해외 일류 대학에서 박사학위를 받을 때까지 학비와 생활비 일체를 지원받을 수 있는 자격을 얻었으나, 장기간 비행기를 타는 것이 싫다는 이유로 한국에서 공부하겠다는 무모한 선택을 한다.

서울대학교와 경기대학교, 명지대학교 등에서 강의하였으며, 2004년에는 세계적인 윤리학자인 매킨타이어의 『윤리의 역사, 도덕의 이론』을 번역하였는데, 특이하게 동양철학자가 번역한 서양철학서인 이 책은 대한민국 학술원의 우수도서 및 간행물윤리위원회의 추천도서로 선정되었다.

2006년에는 필자가 존경하는 미국의 철학자 니비슨의 『유학의 갈림길』
이라는 전문 철학 서적을 한 권 더 번역하였고, 2007년에는 그동안의 학
문적 연구와 강의의 성과를 대중이 쉽게 접할 수 있는 교양서적의 형태
로 집필하였다. 『철학 땅으로 내려오다』라는 제목의 이 책은 저자 증정
본이 도착하기도 전에 한 중앙 일간지의 철학 전문 기자로부터 "책 다
읽어 갑니다. 이거 내려와도 너무 내려온 것 아닌가요?"라는 질문을 받은
뒤 '저자 초대석'에 자세히 소개되었으며, CBS 라디오의 '책과 문화'라
는 코너에 초청되어 대담을 나누기도 했다. 2011년에는 여러 가지 시사
문제를 철학자의 시각에서 심층적으로 정리하고 분석한 『포르노를 허하
라』라는 책을 출판하였는데, 자극적인 제목과 달리 흥미로우면서도 교육
적인 내용을 담은 이 책은 그해 문화체육관광부의 우수교양도서로 선정되
었다. 2016년에는 더 이상 쉬울 수 없는 생활 밀착형 인문학 서적인 『생
활인문학』을 저술, 출판하여 SBS 라디오 '최영아의 책하고 놀자'에 초대
받아 대담하였다.

현재는 다양한 분야의 저술 활동과 강연을 병행하고 있다.

프롤로그

아산 정주영과 맹자, 그리고 '미친놈(狂者)'

지난 2015년 초, 대학교 은사이신 황경식 선생님으로부터 선배를 통해 연락이 왔다. 아산에 관한 논문을 한 꼭지 써보는 것이 어떻겠냐는 것이었다. 마침 해외에 있던 터라, 인터넷 전화로 통화를 하다 보니 통화감이 좋지 않아 나는 그것을 다산 정약용에 관한 논문이라고 잘못 들었고, "아니 내 전공도 아닌 데다가, 학자 생활을 접은 내가 왜 그런 논문을 써요? 감이 안 좋으니 좀 있다 귀국해서 얘기합시다."라고 통화를 마쳤다.

돌아와서 다시 통화를 해보니 논문의 주제는 다산이 아니라 현대그룹의 창업자인 아산 정주영에 대한 것이었다. 그해가 아산이 탄생한 지 100년이 되는 해라, 아산재단을 중심으로 범현대가에서 기념논문집을 준비하고 있는데, 황경식 선생님께서 그중 한 분과 위원장을 맡으셨다는 것이었다.

해당 논문집의 기획안에는 "아산의 삶과 그 생각의 뿌리로서의 유학 사상"이라는 주제의 논문이 포함되어 있었는데, 황경식 선생님께서는 그 논문을 내가 맡았으면 하셨다. 선생님과의 직접적인 통화가 아니었던지라, 나는 "거 우상화 작업이 뻔한데 내가 그것을 왜 하겠소?"라고 비아냥대면서 거절했지만, 논문 작성의 대가로 지급되는 돈의 액수를 듣고는 "음~ 그렇다면 생각해 보지요."라고 바로 꼬리를 내렸다.

사실 내게 그런 제안이 들어오는 것은 상식적이지도 않을 뿐더러 논문집을 기획한 재단과 현대가의 의사와도 맞지 않았을 것이다. 내로라하는 대학의 교수들이 모여 현대그룹 창업자의 탄생 100주년을 기리는 논총을 만드는 자리에 전문 학자의 삶을 그만둔 재야 철학자이자 글쟁이에 불과한 내가 끼어드는 것이 가당키나 한 일이겠는가?

하지만 황경식 선생님께서는 이전에도 나의 보잘것없는 재주를 아끼셔서 파격적인 제안을 하신 일이 한두 번이 아니었다. 선생님께서 발표하시는 논문에 대한 논평을 해줄 것을 부탁하셔서 고사했지만, "꼭 자네가 해주었으면 하네."라고 청하셔서 대다수가 현직 대학 교수인 발표장에서 논평을 하기도 했고, 어떤 프로젝트를 신청할 때는 동양학 분야의 대표자로 참석할 것을 요청하시기도 했다.

가장 기억에 남는 일은 선생님의 정년퇴임식에 대한 일이다. 선생님께서는 직접 전화를 걸어 자신의 퇴임식에 참석하는 것이 어떤가 물어 오셨다. 언제나 감사의 마음을 가지고 있기는 하지만, 전문 학자의 길에서 벗어난 지 이미 오래일 뿐 아니라 선생님과는 전공도 전혀 다른지라, "선생님, 그곳은 제가 갈 자리가 아닌 듯합니다."라고 사양했다. 그런데 선생님께서는 "나에게는 학계의 친구도 있고 사회의 친구도 있네. 나는 자네를 사회의 친구로 생각하니 참석해 주면 좋겠네."라고 말씀하셔서 차마 더 이상 사양하지 못했던 것이다.

윤리학을 전공하신 선생님께서 동양철학 전공자인 나를 그렇게 아껴 주시는 데에는 여러 곡절이 있지만, 어쨌든 몇 번이고 선생님의 과분한 지우(知遇)를 받아 온 나에게 선생님께서는 다시 한 번 분에 넘치는 일을 제안하신 것이다. 그것도 적지 않은 보상이 주어지는 일을 말이다.

사실 앞서 말한 것처럼 그 자체만을 놓고 보면 썩 내키는 일은 아니었다. 아무리 좋게 포장해도 우상화 작업이 분명할 것이기 때문이었다. 하지만 적지 않은 대가가 지불되는 데다가 선생님의 부탁이라는 사실이 더해져 나는 그 일에 참여하게 되었다. 그리고 결과적으로 아주 색다른 경험을 하게 되었다.

아주 흔쾌하게 시작한 일이 아닌지라, 처음에는 진도가 잘 나가지 않았다. 논문 작성의 핵심 자료인 아산의 자서전을 읽는 것도 그다지 내키지 않았던 것이다. "그의 생각에 무슨 유학 사상이 뿌리가 되었겠어? 다 그냥 끼워 맞추자는 것이지."라는 생각이었다. 그런데 책을 읽어 나가면서 생각이 조금씩 바뀌게 되었다. "아, 부정적인 측면도 분명히 존재하지만, 큰일을 한 사람에게서는 분명히 배울 점이 있구나."라는 생각을 하게 된 것이다.

게다가 아산과 유학 사상 간에는 전혀 연결고리가 없는 것도 아니었다. 그는 어린 시절 조부에게 사서삼경을 배웠고, 그 가운데에서도 『논어』와 『맹자』를 좋아했다고 한다. 그것이 이후의 삶에 영향을 주었다는 직접적 증거는 그의 회고담뿐이지만, 그 연관성을 짧은 논문으로 풀어내는 데에는 전혀 어려움이 없었다. 맹자주의자(Mencian)를 자처하는 나는 그에게 적지 않은 동질감을 느꼈던 것이다.

일단 실마리가 잡히자, 나머지 과정에는 커다란 어려움이 없었다. 내가 진심으로 느낀 바를 글로 풀어내는 것이었기 때문이다. 정작 어려웠던 것은 논문 작성 계획서와 같은 보고서를 내거나 회의에 참석하는 것 등이었다. 후자가 특히 부담스러웠던 것은, 그것이 촌에 사는 내게 하루의 시간을 온전히 요구하는 일이었을 뿐 아니라, 회의에서는 참가자 각자의 소속을 정확히 밝히도록 했는데, 나는 그야말로 무소속인 야인이었기 때문이기도 했다. 나는 소속을 적는 칸을 비워 두곤 했는데, 주최 측에서는 '서울대 교수'라는 패찰을 내밀곤 했던 것이다.

수개월에 걸친 회의와 작업 끝에 나는 「아산, 광자(狂者)의 화신」이라는 제목의 논문을 완성하였고, 황경식 선생님께서 주재하시는 분과 회의에서 발표를 했다. 참가자들은 모두 칭찬을 아끼지 않았으며, 선생님께서는 "대작(大作)이 나왔군. 재단 측에서는 이 글을 대표 논문으로 삼겠어."라고 말씀하시기까지 했다.

이후 정몽준 회장과 재단의 주요 관계자들 및 대다수 집필진이 참석한 총 회의에서 다시 한 번 논문의 요지를 발표했다. 모든 참석자들이 아주 흥미로워했지만, 반응은 엇갈렸다. 재단 관계자에게는 아산 탄생 100주년을 기념하는 작업인데 아무리 좋은 뜻이라도 그를 '광자(狂者)', 즉 '미친놈'이라고 표현하는 것이 받아들이기 힘든 일이었던 듯하다. 하긴 꽤 저명한 대학 교수 한 사람이 "아산은 공자보다 위대하다."라고 신격화하는 발언을 해도 전체적인 분위기가 어색하지 않은 판에, 그를 어떤 의미에서든 '미친놈'이라고 표현하는 것이 달가울 리는 없었다.

회의 이후 뒤풀이 자리에서도 나의 글은 가장 주목을 받았다. 뒤풀이의 사회를 맡은 재단 관계자가 내게 가장 먼저 마이크를 넘긴 것이다. 나는 그 자리에서 논문을 제안받고 집필한 과정을 얘기하면서, "사실 저는 이런 자리가 편치 않습니다. 저는 무소속이기 때문입니다."로 시작하는 그간의 모든 사정을 가감 없이 시원하게 털어놓았다.

이후 몇몇 글은 논문집에 싣지 않기로 결정되었으며, 거기에는 나의 것도 포함되어 있다는 소식이 들려왔다. 내가 속했던 분과의 구성원들은 "자네 글이 이런 대우를 받는 것은 전혀 예상 밖이네."라고 하였고, 선생님께서는 참으로 미안해하셨지만, 사실 나는 개의치 않았다. 내게 명예욕이 있는 것도 아니고, 계약에 따른 보수는 모두 지급받았으며, 내가 쓰고 싶었던 대로 글을 썼지만 그것이 주최 측의 의견과 엇갈린 것 또한 충분히 이해할 만한 일이었던 것이다.

그런데 이 일을 계기로 맹자의 사상을 정리해 보아야겠다는 생각이 들었다. 앞서 말한 것처럼 맹자주의자를 자처하는 내가 다양한 주제에 대해 글을 써왔으면서도, 정작 내 학문적 궤적의 축인 맹자를 주제로 한 논문이나 책은 저술하지 않았기 때문이다. 이 책은 그의 추종자를 자처하는 한 재야 철학자가 이런 과정을 통해 저술한 것이다.

맹자,
'미친놈'을 꿈꾼
선각자

孟子

* 1부의 내용은 상당 부분 아산재단의 지원을 받아 작성된 필자의 논문
「아산, 그의 삶과 생각의 뿌리로서의 유학 사상: 아산, 광자(狂者)의 화신(化身)」의
해당 부분에서 발췌, 수정한 것입니다.

동서양을 막론하고 이상적이고 완성된 인격을 대표하는 덕목은 중용(中庸)이다. 어느 쪽으로도 치우치지 않는 균형 잡힌 인간상이야말로 바람직함의 극치이다. 어떤 상황에서도 분기탱천해서 화만 내거나, 어떤 상황에서도 참기만 하는 사람을 이상적이라고 할 수는 없다. 때와 상황에 맞게 처신할 수 있어야 하는 것이다.

이 중용은 그 자체로서 존재하는 독립적인 것이 아니다. 여러 가지 기질들이 적절한 균형 상태를 이루었을 때 나타나는 덕목인 것이다. 용기(勇氣)를 예로 들어 보자. 상식적으로 보면 전쟁터에서 두려움이 전혀 없이 싸움터를 누비는 군인에게 그 덕목을 부여하는 것이 타당해 보일 것이다. 하지만 이는 지나치게 성급하고 피상적인 생각에 불과하다. 그런 군인은 곧 사망해 버릴 것이며, 죽은 군인은 전혀 소용이 없기 때문이다. 따라서 그가 진정한 용기라는 덕목을 가졌다고 말하는 것은 바람직하지 못하다. 그의 기질을 표현하는 데 가장 적절한 술어는 '무모함'인 것이다.

물론 겁이 많아 위험으로부터 생겨나는 충동에 지나치게 굴복하는 것을 용기라고 부를 수 없음은 더더욱 자명하다. 그렇다면 진정한 용기란 무엇인가? 그것은 과도함을 나타내는 '무모함'과 결여를 나타내는 '비겁' 사이의 균형을 잡는 것이다.1) 위험한 상황에 굴복하고자 하는 자연발생적인 충동을 극복하되, 지나치게 선부르게 판단하고 성급하게 행동하여 일을 그르치지 않는 신중함을 갖추어야 비로소 용기라고 할 수 있는 것이다.

공자 역시 중용이라는 덕목의 중요성을 십분 강조하고 있다. 그는 공손함이 지나쳐 적절함을 잃게 되면 괜하게 수고롭기만 하고, 신중함이 지나치면 나약함이 될 수 있으며, 용기가 지나치면 사회적인 혼란을 초래할 수 있고, 정직함이 지나치면 각

---

1) A. 매킨타이어, 김민철 옮김, 『윤리의 역사, 도덕의 이론』(철학과현실사, 2004), 64쪽.

박함이 될 수 있음을 경계한다.2) 그리고 그 자신도 온화하지만 엄격함을 잃지 않고, 위엄을 갖추면서도 사람들에게 사납게 대하지 않았으며, 공손하면서도 편안하게 행동하였다3)고 한다.

하지만 이상은 이상일 뿐이다. 중용의 덕을 규명하는 것은 이론적으로도 불가능할 뿐만 아니라, 그러한 사람이 되는 것 또한 마찬가지다. 중용의 덕, 즉 적절함이 무엇이며 어떤 상황에서 어떻게 발현될 수 있는지 설명한다는 것은 위에서 예로 든 것과 같은 비유적인 몇 가지 사례에서나 가능할 뿐, 실제로는 거의 불가능하다고 할 수 있다.4) 결국 '적절함'이라는 말이 가진 추상성으로 인해 중용이란 이미 그러한 덕목을 체화하고 있는 현명하고 사려 깊은 사람의 판단에 의거해야 하는데, 그러한 사람을 판단하기 위해서는 또다시 중용의 덕목에 대한 이론적 규명이 필요할 수밖에 없다. 결국 문제는 무한퇴행에 빠지고 마는 것이다.

실제로 공자는 중용의 덕을 갖춘 완성된 인격, 즉 인(仁)이라는 덕목이란 전설 속에 등장하는 고대의 성왕들이나 갖춘

---

2) 『論語』, 「泰伯」, 2, "恭而無禮則勞. 愼而無禮則葸. 勇而無禮則亂. 直而無禮則絞."
3) 『論語』, 「述而」, 38, "子溫而厲. 威而不猛. 恭而安."
4) A. 매킨타이어, 김민철 옮김, 『윤리의 역사, 도덕의 이론』, 66-67쪽.

것으로 치부했을 뿐, 당대의 훌륭한 인격자로 지칭되는 사람들이 실제로 그러한 덕목을 갖추었는가에 대해서는 부정적인 대답으로 일관한다. 제자들은 스승인 공자야말로 그러한 덕을 갖추었다고 주장하지만, 공자 자신은 그저 배우기를 좋아하고 열심히 실천하여 그러한 덕을 갖추고자 노력할 뿐이라고 대답한다.[5]

철인왕이 다스리는 플라톤의 이상국가처럼, 중용의 덕을 갖춘 이상적 인간상이 현실에 존재하면서 영향력을 발휘하는 것은 불가능하다. 그러한 이상이란 우리가 추구해야 할 지향점을 놓쳐서는 안 됨을 상기시키면서, 현실에 존재하는 사회와 인간에 대한 비판을 수행하게 해주는 기능을 할 뿐이다.

그렇다면 현실적으로 존재 가능한 인간상 가운데 유학에서 가장 높이 평가하는 유형이란 무엇일까? 맹자는 그에 대해 매우 친절하게 설명하고 있다.

맹자가 말하였다. "공자 선생께서는 '중용의 덕을 갖춘 사람을 얻어 함께할 수 없다면 반드시 광자(狂者)나 견자(獧者)와 함께할 것이다. 광자는 진취적이고, 견자는 절대로 어기지 말아

---

5) 『論語』, 「述而」, 34, "若聖與仁則吾豈敢. 抑爲之不厭誨人不倦則可謂云爾已矣."

야 할 규칙을 견지한다.'라고 말씀하셨다. 공자 선생께서 어찌 중용의 덕을 갖춘 사람을 원치 않았겠는가? 그러한 사람을 반드시 얻겠다는 것은 불가능한 일이기 때문에 그 다음 단계를 생각한 것이다." (제자인 만장이) 물었다. "어떠해야 광자라고 할 수 있는지 여쭤어 보아도 괜찮겠습니까?" 맹자가 말하였다. "금장이나 증석, 목피와 같은 사람들이 공자 선생께서 말씀하신 광자이다." (만장이) 물었다. "무엇 때문에 그들을 광자라고 부릅니까?" 맹자가 말하였다. "그 뜻이 높고 커서 '옛 사람이여, 옛 사람이여!'라고 하곤 하지만, 평소에 그 행실을 살펴보면 그 말만 못하기 때문이다. 광자조차 얻을 수 없다면 불결한 것만은 행하지 않으려는 선비를 얻어 함께하고자 하셨으니, 견자는 또 광자의 다음이 되는 것이다."6)

유학에서 최종 목표이자 이상으로 여기는 것은 중용의 덕을 갖춘 완전한 인격자가 되는 것이지만, 그것은 어디까지 이상일 뿐임을 공자와 맹자 모두 알고 있었다. 그렇다면 현실에서 우리가 롤모델로 삼아야 하는 그 다음 단계가 필요한데, 맹자는

---

6) 『孟子』, 「盡心」, 下, 37, "孟子曰. 孔子不得中道而與之. 必也狂獧乎. 狂者進取. 獧者有所不爲也. 孔子豈不欲中道哉. 不可必得. 故思其次也. 敢問何如斯可謂狂矣. 如琴張曾晳牧皮者. 孔子之所謂狂矣. 何以謂之狂也. 其志嘐嘐然曰. 古之人古之人.' 夷考其行而不掩焉者也. 狂者又不可得. 欲得不屑不絜之士而與之. 是獧也. 是又其次也."

공자의 입을 빌려 광자와 견자가 바로 그들임을 천명한 것이다.

　맹자가 말한 바대로, 광자는 높은 뜻을 가지고 그것을 실현하고자 노력하지만, 인간적인 약점으로 인해 완벽한 실천에는 미치지 못하는 사람이며, 견자란 그보다 소극적으로 절대로 넘어서는 안 되는 선을 그어 놓고, 그것을 철석과 같이 지키는 사람을 일컫는다. 결국 유학에서는 보수적으로 현실적 규범을 묵수하는 소극적인 인간상보다는 설사 실천이 다소 못 미치더라도 커다란 이상을 품고 노력하는 진취적인 인간상을 더욱 높이 평가하고 있는 것이다.

　실제로 공자와 맹자 두 사람 모두 그 자신이 광자의 표본이었다고 할 수 있다. 공자는 춘추시대 말기에 이미 쇠퇴하여 권위를 잃은 주나라를 되살려 평화로운 세상을 실현하겠다는 일념으로 20년 동안 철환천하(轍環天下)하였으나, 사람들로부터 "비현실적이고 불가능한 줄을 알면서도 하는 사람"이라는 평을 들었으며,7) 말년에는 반란군의 우두머리에게 초청을 받고서 그에 응하고자 했다가, 제자들에게 비난을 받자 주나라를 부흥시키고자 했을 뿐이라고 하소연하기도 한다.8)

---

7) 『論語』, 「憲問」, 38, "子路宿於石門. 晨門曰. 奚自. 子路曰. 自孔氏. 曰. 是知其不可而爲之者與."

맹자 역시 자신이 사숙(私淑)한 공자의 전례에 따라 전국시대의 열국을 돌면서 왕도정치(王道政治)를 부르짖었으나, 병가(兵家)와 종횡가(縱橫家)들을 등용해 부국강병을 이루고자 했던 당시 제후들에게 그는 뜨거운 감자와 같은 존재에 불과했던 것이다.9)

한 가지 상기할 필요가 있는 것은, 일상어에서 '광(狂)'이란 말이 가진 '미쳤다'라는 뜻이 여기에서도 완전히 탈각된 것은 아니라는 사실이다. 아니, 그 반대로 일상어의 뉘앙스가 상당 부분 남아 있어야만 그 말의 뜻이 올바로 살아난다. 유학의 창시자이자 성인으로 일컬어지는 공자나 맹자도 일부 추종자들을 제외한 당시 사람의 눈으로 볼 때는 말도 안 되는 미친 짓을 하는 사람이었다. 아무리 고상한 뜻을 펼치고자 하더라도 현실과의 괴리가 지나치게 크다면 그는 몽상가 혹은 그야말로 '미친놈'에 불과할 수밖에 없을 것이다.

---

8) 『論語』, 「陽貨」, 5, "公山弗擾以費畔. 召. 子欲往. 子路不說. 曰. 末之也已. 何必公山氏之之也. 子曰. 夫召我者. 而豈徒哉. 如有用我者. 吾其爲東周乎."

9) 현실적으로 전혀 쓸모가 없었지만, 이상을 부르짖는 나름 유명한 학자를 박대했다는 오명을 쓸 수도 없었다. 그래서 제후들은 적지 않은 금액의 노자를 제공하며 뜻이 맞는 다른 군주를 만나 볼 것을 권유하거나, 전혀 실권이 없는 직위를 주어 모양새만을 갖추었다.

하지만 인류 역사의 커다란 진전은 대부분 그런 '미친놈'들의 황당한 생각에 의해 이루어진다. 인간이 유인원에서 진화했다는 생각이나 지구가 태양 주위를 돈다는 생각, 인간이 하늘을 날 수 있다는 생각, 신은 이데올로기의 산물이며 인간의 사고는 하부구조에 의해 지배된다는 생각 등 이루 말할 수 없는 무수한 진보들이 다른 사람들은 상상할 수조차 없는 것을 생각해 내고 실현하고자 노력했던 사람들에 의해 가능했던 것이다. 그러한 업적을 성취해 낸 그 0.00001퍼센트의 '미친놈'들은 실상은 천재요, 선구자요, 예지자인 것이다.

'미친놈'을 꿈꾼 선각자인 맹자 또한 그러했다. 그는 모든 사람이 동일한 자질과 가능성을 가졌음을 천명함으로써 서구보다 수천 년 전에 이미 만민평등주의와 민주주의의 초석을 다졌다. 그는 주권재민의 민주주의에 입각하되, 국민의 진정한 지지를 얻는 덕치(德治)야말로 우리가 추구해야 할 이상임을 천명하였다. 나아가 이러한 원칙을 어기는 독재자와 폭군은 일고의 가치도 없이 죽여 마땅하다고 선언하였다.

인간에 대해 낭만적이라 할 정도의 신뢰에 기반한 이러한 그의 혁신적인 사상을 올바로 이해하기 위해서는, 역으로 인간에 대한 비관론적 관점에서 견자의 노선을 견지한 유학의 또 다른 흐름과 대비해 볼 필요가 있다.

인간에 대한
낙관적 입장과
비관적 입장

孟子

1. 인간성에 대한 낙관적 입장 ─인간의 본성은 선하다

사람은 누구나 인간답게 살고 싶어 한다. 하지만 막상 "어떻게 사는 것이 인간답게 사는 것인데?"라는 질문을 받았을 때 쉽게 대답할 수 있는 사람은 많지 않을 것이다. "많은 돈을 벌어서 호의호식하고 사는 것"이라고 대답하는 사람이 많을 테지만, 뭔지는 몰라도 그것만으로 충분하지 않을 것 같은 느낌을 지울 수는 없다. 그리고 잘 따져 보면 그것이 인간다운 삶을 보장하는 조건이 아님은 분명하다.

최근 언론에 종종 언급되는 이른바 '갑질 논란'을 예로 들어 보면 쉽게 이해가 갈 것이다. 자신의 아들이 억울한 일을 당했다고 해서 조직 폭력배까지 동원하여 상대방을 겁박하고 친히 주먹을 휘두르신 재벌 총수나, 땅콩을 접대하는 방식이 잘못되었다고 승무원에게 모욕적인 언행을 남발하고 비행기까지 회항시킨 재벌가의 딸, 그리고 자신이 건물 안에 있는 줄 모르고 실수로 문을 닫아걸었다는 이유로 경비원을 폭행한 유명 피자 프랜차이즈 업체의 대표를 생각해 보라. 그들은 보통사람들이 상상할 수 없을 정도의 경제력과 권력을 가지고 호의호식하며 살지만, 그들의 그런 행동이 인간다운 삶에 해당한다고 말하기는 힘듦이 분명하다.

어느 정도의 경제적인 여유와 사람들에게 인정받을 수 있는 환경 등이 인간다운 삶을 사는 데 도움이 되는 것을 부인하기는 힘들다. 하지만 그것은 인간다운 삶을 위한 수단이자 도구에 불과하며, 인간다운 삶의 본질적이고 핵심적인 부분은 아니다. 인간답게 살기 위해서는 "인간다움이란 무엇인가?"라는 질문에 분명하게 대답할 수 있어야 한다. 씨름이 무엇인지 모르면서 훌륭한 씨름 선수로 살아간다거나 발레에 대해 문외한인 사람이 발레리나를 꿈꾸는 것이 어불성설인 것처럼 말이다.

인간답게 살기 위해서는 인간다움이 무엇인지 알아야 한다. 하지만 곧바로 인간다움이란 무엇인가에 대한 탐구에 돌입하기 전에 그 준비 단계로 현실에서 충분히 있을 법한 가설적인 상황을 한 번 검토해 보도록 하자.

[상황] 당신은 휴가를 얻어 부인과 두 아이들과 동해안에 다녀오는 길이다. 식사를 위해 고속도로에서 벗어나 한가한 시골길로 접어들었는데, 날이 저물어 어스름할 무렵이어서 앞이 잘 보이지 않는 상황이라 조심스레 운전을 하고 있는데, 도로 옆에서 뭔가가 갑자기 튀어나오더니 옆 차로의 차와 부딪힌 후 당신 차 앞에 떨어졌다. 급히 브레이크를 밟고 가족들 모두가 차에서 내려 보니 그것은 다름 아닌 멧돼지였다. 사고를 당한 멧돼지의 머리에서는 피가 철철 흐르고 있었고, 복부는 터져서 내장이 쏟아져 나온 상태였으며, 다리까지 부러져서 허연 뼈가 뾰족하게 튀어나와 있었다.

이러한 상황에서 당신과 가족들의 반응은 어떠하겠는가? "야, 바비큐할 거리가 생겼는걸."이라고 하면서 기뻐하겠는가? 아무리 멧돼지 바비큐를 좋아하는 사람이라도, 피가 흐르고 내장이 쏟아져 나와 있으며 뼈까지 튀어나온 참혹한 모습을 보고 일차적으로 얼굴을 찌푸리면서 고개를 돌릴 것이다. 그것이야말로 인지상정(人之常情)이며, 멧돼지 바비큐에 대한 생각은 아마도 놀란 가슴을 진정시키고 논리적으로 사고해 보았을 때에나 가능할 것이다.

그런데 만약 사고의 대상이 멧돼지가 아니라 사람이라면 어

떨까? 동일하게 사고를 당한 사람의 머리에서 피가 뿜어져 나
오고 내장이 쏟아져 나와 있으며 다리가 부러져 허연 뼈가 튀
어나와 있는 상황이라면 말이다. 얼굴을 찌푸리면서 놀라는 정
도가 더 심해질까, 아니면 그 반대일까? 물을 필요도 없이 더
심해질 것이다. 역으로 사고의 대상이 곤충이나 게였다면 상황
은 반대가 될 것이다.

사실 그 대상이 멧돼지든 사람이든, 얼굴을 찌푸리고 놀라는
것은 비단 그 상황을 목격한 사람들에게만 그치지는 않을 것이
다. 이 글을 읽고 있는 독자 여러분 가운데 상당수도 유사한
반응을 보이면서 "뭐하려고 이런 불쾌하기 그지없는 예를 들
고 그러나?"라고 생각할 것이다. 멧돼지보다 사람의 경우에 그
정도가 심해지는 동일한 경험을 하면서 말이다.

이러한 반응은 앞서 말한 대로 인지상정이다. 놀란 가슴을
쓸어내리고 정신을 차려 보니 자신과 가족들이 멧돼지 바비큐
를 즐긴다는 사실이 떠올라 "야, 횡재로구나. 놀랄 일이 아니
었네."라고 생각한다거나, 혹은 사고를 당한 사람이 지명 수배
를 받고 도주 중인 흉악범이라는 사실을 알고 "차라리 잘되었
군."이라는 생각을 할 수도 있다. 하지만 그것은 그야말로 '머
리를 굴려서' 생각한 결과이며, 따라서 앞의 반응보다 자연스
러운 것이라고 생각하기 힘들다. 일차적이고 자연스러운 반응

은 놀라면서 인상을 쓰는 것이다.

그렇다면 다른 동물들도 그럴까? 내셔널 지오그래픽 채널에서 쉽게 볼 수 있는『동물의 왕국』같은 다큐멘터리 프로그램을 생각해 보자. 풀을 뜯고 있던 톰슨가젤 무리가 포식자인 사자에게 공격을 당한다. 건강한 녀석들은 운 좋게도 모두 탈출에 성공하지만, 사실 그것은 가장 어리고 허약한 녀석이 포획을 당한 덕분이기도 하다. 사냥에 성공한 사자는 야들야들한 어린 가젤의 배를 물어뜯고 내장부터 먹어 치우기 시작한다. 맛있는 부위부터 배가 부를 때까지 마음껏 먹어 치운 사자는 아기 가젤의 시체를 남겨 둔 채 자리를 떠나고, 하이에나와 독수리 무리가 나머지 잔해를 차지하고자 쟁탈전을 벌인다.

이런 모든 과정이 진행되는 동안 아기 가젤의 희생 덕분에 비교적 쉽게 목숨을 건진 동료들은 어떤 태도를 취할까? 멀리서나마 인상을 찌푸리면서 그 모습을 안타까운 마음으로 쳐다볼까? 피해 가젤의 엄마라면 모를까, 실제로는 모든 가젤들이 전처럼 평화롭게 풀을 뜯을 것이다. 아니, 포식자는 필요 이상의 사냥을 하지 않는다는 사실을 잘 알기 때문에 그들의 마음은 전보다 더 평화로울 것이다.

이러한 모습이야말로 인간과 동물의 차이가 아닐까? 인간은 선천적으로 다른 동물들과 달리 타 존재의 아픔과 기쁨을 공감할 수 있는 능력을 가졌다. 잔혹한 사고를 목격하고 인상을 찌푸리는 것은 "내가 저 희생자라면 어떨까?"라고 부지불식간에 자기 자신을 그 상황에 대비시켜 생각하기 때문인 것이다.

그리고 그 공감의 강도는 자신과의 유사성을 감지할수록 더욱 세어진다. 꽃잎이 떨어지는 것을 보면서도 스산함을 느끼기는 하지만, 생선의 배를 가르는 것을 목격하는 데 비할 바가 아니고, 생선의 배를 가르는 것 또한 앞서 가설적으로 설정했던 멧돼지의 사고보다는 약하며, 동종인 인간의 사고를 목격했을 때 가장 놀라고 가슴 아파하기 마련인 것이다.

춘추전국시대에 공자의 후계자를 자처했던 맹자는 이것이야말로 인간의 본성(本性)이므로 "인간의 본성은 선하다."라고 말한다. 맹자는 앞서 현대적으로 번안하여 설명한 내용을 다음과 같이 말하고 있다.

나는 어째서 사람들에게는 누구나 다른 사람에게 잔인하게 대하지 못하는 마음이 있다고 주장하는가? 이제 어떤 사람이 어린아이가 우물로 기어 들어가려고 하는 것을 갑자기 보게 된다면 누구라도 깜짝 놀라면서 그 아이를 측은히 여기는 마음을 가지게 될 것이다. 이는 그 아이의 부모와 친분을 맺으려는 의도가 있어서 그런 것도 아니고, 동네 사람들과 벗들로부터 명예를 얻고자 해서도 아니고, 잔인하다는 오명을 싫어해서도 아니다. 이로부터 미루어 보건대 측은히 여기는 마음이 없다면 사람도 아니다.10)

모든 사람은 천부적으로 다른 사람의 불행을 목격하면 측은히 여기는 마음을 가지고 있으며, 그것이야말로 인간의 본성이라고 할 수 있다. 본성에 해당하는 영어 단어인 'nature'가 '자연'이라는 뜻을 동시에 가지고 있다는 사실에서 잘 드러나는 것처럼, 본성이란 자연스러운 것이어야 하며, 인위적인(artificial) 것과 반대되는 개념이다. 멧돼지와 사람의 사고를 목격했을 때 자연스럽게 드러난 일차적인 반응은 인간의 본성을 잘 보여주며, 바비큐나 흉악범에 대한 생각은 인위적인 사고를 거친 이후의 반응이므로 본성적인 것이라고 할 수 없다는 것이다. 맹자가 "어린아이가 우물로 기어 들어가려고 하는 것을 갑자기 보게 된다면"이라고 '갑자기'라는 말을 굳이 집어넣어 강조하면서 말한 것도 선입견을 배제한 자연스러운 반응이 그러함을 말하기 위해서이다. 다른 사람, 심지어는 동물의 참혹한 상황까지도 공감하면서 슬퍼할 줄 아는 존재를 어찌 선하다고 말하지 않을 수 있겠는가?

---

10) 『孟子』, 「公孫丑」, 上, 6.

2. 인간성에 대한 비관적 입장 — 저속한 단계

지금도 그렇겠지만 당시에도 물론 이러한 주장에 대한 반론이 당연히 존재했다. 천부적이고 자연스러운 성향을 본성이라고 한다면, 다른 사람과 공감하는 능력이 아니라 식욕이나 성욕으로 대표되는 자연발생적인 욕구를 본성이라고 보아야 한다는 것이다.11) 그것만큼 자연스럽게 타고난 것이 있겠는가? "사람은 배고프면 배불리 먹고자 하고, 추우면 따듯하고자 하

---

11) 이러한 주장을 처음으로 한 것은 맹자의 논적이었던 고자라는 사람이다(『孟子』, 「告子」, 上, 4). 이름과 주장 간에 뭔가 묘한 연관관계가 연상되어 미소를 짓게 되지만, 실제 의미상으로는 전혀 관련이 없다.

며, 힘들면 쉬고자 한다."12) 또한 남자라면 누구나 아름다운 여인을 원하고 반대로 여자는 멋진 남성을 원한다.

이러한 자연스러운 경향은 일견 선악을 따질 수 없는 중립적인 것이다. 식욕과 성욕으로 대표되는 욕구의 대상이 무한하다면 말이다. 누구나 먹고 싶은 음식을 마음껏 먹을 수 있고, 자신이 좋아하는 사람과 배필이 될 수 있으며, 좋은 옷을 입고 좋은 집에 살 수 있다면 다른 사람과 크게 다툴 일이 무엇이겠는가?

하지만 현실적인 상황은 모두의 욕구를 충족시키기에 절대적으로 부족하다. 나는, 인간 사회가 아닌 짐승의 무리에서이기는 하지만, 그런 상황에서 생겨날 수 있는 일들을 직접 목격한 적이 있다.

[사례 1] 태국의 한 골프장에 머물 때의 일이다. 그 골프장 내에는 많은 개들이 살고 있었는데, 그 개들 사이에는 엄격한 위계질서가 있는 듯했다. 대장으로 보이는 녀석이 밤에 큰 소리로 짖으면 모든 개들이 모여 대장의 지휘에 따라 이리저리 몰려다니기도 할 정도였다. 그러던 어느 날 그 개들 중 No. 2

---

12) 『荀子』, 「性惡」.

에 해당하는 녀석이 연못 속에서 다른 개 한 마리와 허우적대는 모습을 발견하게 되었다. 무슨 일인가 궁금해서 다가가 보았더니 그 녀석이 암컷과 짝짓기를 하다가 떨어지지 않자 물에 들어가서 어떻게든 서로 떨어뜨려 보려고 용을 쓰는 중이었던 것이다. 그런데 그 광경이 더 인상적이었던 것은 물가에서 또 다른 수컷 한 마리가 그 모습을 안타깝게 쳐다보고 있었기 때문이었다. 며칠 후 그 No. 2가 다시 그 암컷에게 다가서자 서열이 낮은 것이 분명해 보임에도 불구하고 그 수컷이 필사적으로 그 녀석에게 저항하여 결국 포기하게 만든 것으로 보아 그 녀석과 암컷의 관계를 짐작할 수 있었다.

[사례 2] 말레이시아에서는 원숭이 집단을 가까이에서 목격할 수 있는 기회가 자주 있었다. 우리 아이들이 원숭이 구경하는 것을 좋아해서 먹이를 주면서 유인해서 관찰도 하고 장난도 치고 했던 것이다. 그런데 원숭이들에게 먹이를 주어도 언제나 대장만이 먹이를 독차지했으며, 대장이 배불리 먹은 후나 혹은 대장이 좋아하지 않는 먹이라서 먹지 않을 때에만 다음 녀석이 먹고 했다. 만약 이러한 규칙을 어기고 음식에 손을 대려는 녀석이 있으면 대장이나 그 급에 해당하는 놈들이 쫓아가서는 마구 물어뜯거나 때리려고 하곤 했다. 원숭이들의 짝짓

기도 수도 없이 목격했는데, 이 역시 음식을 먹는 것과 동일한 규칙에 의해 이루어졌다. 대장은 원하는 암컷을 언제나 취할 수 있었지만, 위계가 낮은 녀석들에게는 좀처럼 기회가 돌아가지 않는 듯했다.

첫 번째 사례의 No. 2에 해당하는 개나 두 번째 사례의 대장급 원숭이는 자연스러운 본성에 따라 행동한 것이다. 모두가 자신이 원하는 먹이를 먹고 원하는 이성과 짝짓기를 할 수 있다면 그러한 본성에 따라 행동하는 것이 전혀 문제가 되지 않는다. 그러나 먹이나 이성은 모두의 욕구를 충족시키기에는 턱없이 부족하다.

이러한 상황에서 상상할 수 있는 첫 번째 단계는 서양의 유명한 사상가가 말한 이른바 "만인 대 만인의 투쟁"이다. 누구나 수단과 방법을 가리지 않고 오직 자신의 욕망만을 충족시키고자 한다. 모든 사람이 나의 적이자 동시에 욕구 충족의 수단이다. 누구든지 언제나 내가 가진 것을 침탈할 수 있으므로 경계해야 하는 동시에, 그들의 경계가 허술해진 틈을 타 나의 욕망을 충족시켜야 한다. 그것이 재화든 성적인 것이든 말이다.

하지만 그러한 상황은 어디까지나 상상 속에서만 존재하며,

사회생활이 불가피한 존재라면 자연발생적인 위계질서가 자리잡게 된다. 그리고 원숭이 집단에서 볼 수 있는 것처럼 지배자혹은 소수 지배계급의 욕구만이 넘치게 충족되고, 나머지 구성원들의 욕구는 묵살되고 침해된다. 만민평등주의가 등장하기이전인 전근대 인간 사회의 모습도 크게 다를 바 없었다. 대표적인 몇 가지 사례를 들어 보자.

[사례 1] 폭군의 대명사인 중국 고대 은나라의 마지막 황제주(紂)는 누구도 당할 수 없을 정도의 괴력에 두뇌가 총명하고달변이었으나, 포악하기 그지없었다. 그는 어마어마한 규모의보물창고를 지어 놓고 그곳에 보화를 가득 채울 것을 명령하여, 온 나라 백성들이 죽을 지경이었다. 이에 대해 조금이라도불평하는 사람은 사정없이 잡아들여 죽였다. 그렇게 모아들인보화는 그의 사치를 위해 흥청망청 탕진되었는데, 엄청난 규모의 동물원을 지어 온갖 진귀한 동물을 사들여 사육하면서 즐기기도 했다. 한 소년이 어머니의 병구완에 필요한 약재를 얻기 위해 그 동물원에 들어가려 하다가 잡혔는데, 주왕은 그 소년을 괴력의 주먹으로 한 방에 죽여 버렸다. 달기라는 이름의절세미인을 들인 이후 그의 포악한 행동은 더욱 심해져 갔다.달기가 지나가는 신하의 눈초리가 마음에 들지 않는다는 말을

하면 그의 눈을 뽑아 버렸고, 잉태한 여인의 뱃속이 궁금하다는 말에 임산부의 배를 가르기도 했다. 연못에 술을 채우고 고깃덩이를 사방에 매달아 놓은 채 무수히 많은 선남선녀들을 벌거벗겨 두고는 함께 즐기기도 하여 주지육림(酒池肉林)이라는 고사가 생기기도 했고, 자신을 반대하거나 비방하는 무리는 쇠기름을 발라 미끈거리는 원형 구리 기둥을 수평으로 매달아 놓고 그 밑에 불을 지펴 그 위를 건너도록 하였는데, 당연히 모두가 기둥에서 불 속으로 떨어져 타 죽곤 했다.

[사례 2] 고구려를 침범했다가 패한 것으로 유명한 수나라 양제는 아버지인 문제가 병상에 눕자 그의 둘째 부인을 추행하고자 했으나 실패하자, 아버지에 의해 태자의 지위를 박탈당할까 두려워 심복들을 시켜 아버지를 죽이고 스스로 왕위에 올라 무소불위의 권력을 휘둘렀다. 그는 문제의 계모를 범하기도 했을 뿐 아니라, 수도인 장안이 협소하여 자신의 성에 차지 않는다는 이유로 낙양으로 천도한 뒤 2백만이나 되는 백성을 강제 동원하여 1년 만에 엄청난 규모의 호사스러운 궁전을 지었으며, 전국의 기암괴석과 아름다운 나무는 물론 희귀한 화초와 짐승까지 모두 강제로 징발하여 채워 넣고, 수천 명의 궁녀를 풀어놓고 향락을 즐겼다. 그러던 중 수려한 산수화를 보고

그곳에 가보고 싶다는 여인의 말 한마디에 수천 킬로미터 길을 배를 타고 행차하겠다는 분부를 내린다. 낙양에서 그곳까지 운하를 파라는 것이었다. 다시 수백만의 백성이 동원되어 운하를 파고 황제가 중간중간에 머물 작은 궁전들을 수십 개나 지었으며, 호화 유람선과 호위선 등 수백 척의 배를 건조해야 했다. 배의 노를 젓는 인부만 8만 명에 달했다고 하니 그 규모를 가히 짐작하기도 힘들 정도였다. 이런 혹독한 중노동에 죽어나가는 사람들이 부지기수였으며, 수중 작업을 한 인부들은 하반신이 썩어 들어 구더기가 살 정도였다고 한다.

[사례 3] 사극 『정도전』을 통해 유명해진 이인임 일파로 대표되는 고려 말기 권문세족은 무소불위의 권력을 통해 백성들을 압박하고 착취했다. 권문세족의 위세는 지금의 한 시군 전체를 자신의 사유지로 소유하며 수십만 석의 쌀을 비축할 정도로 대단했다. 그들은 농민들에게 무력과 억지를 동원하여 막무가내로 땅을 빼앗아 치부했다. 권문세족은 자신들의 가노(家奴)를 동원하여 채찍을 휘둘러 땅을 빼앗고 공문을 조작하였다. 농민들은 땅을 빼앗기고 소작농이나 노비로 전락하였다. 땅을 빼앗긴 것도 억울하여 땅을 쳐야 할 판에, 소작농의 신세는 더욱 한심하고 처량했다. 소득의 대부분을 빼앗겨야 했기

때문이다. 한 땅에 대해 몇 명의 권문세족이 소유권을 주장하는 경우가 허다했는데, 그럴 경우에 한 명에게만 전세(田税)를 내고자 했다가는 매타작이 돌아올 뿐이었으므로, 소작농들은 소득의 80-90퍼센트를 권문세족에게 내주어야 했고, 게다가 국가에 세금까지 바쳐야 했다. 이러한 횡포를 저지르기로는 왕실과 절, 즉 사찰도 예외는 아니었으며, 그 피해자는 일반 백성들에서 그치지 않았다. 세력이 미약한 다른 귀족들까지도 고위 권문세족에게 땅을 빼앗기고, 심지어 그 가노들에게 폭행을 당하기도 한 것이다.

중국의 고대와 중세, 그리고 우리나라 중세의 대표적인 예를 몇 가지 들었지만, 극소수 현군이 통치했던 시기를 제외한다면 힘과 권력에서 배제된 일반 백성들의 삶이란 고단하기 그지없는 것이었다. 역사를 공부하다 보면 우리가 얼마나 안전한 세상에서 살고 있는지 뼈저리게 실감할 때가 한두 번이 아니다. 위에서 든 몇 가지 사례를 개나 원숭이 집단의 그것과 비교해 무엇이 다를 바 있는지 알 수가 없을 정도이다.

물론 그들의 지배로 인해 제한적이나마 집단에는 질서가 찾아오게 된다. 지배자들은 자신의 지배를 공고히 하기 위해 혹은 다른 자의적인 목적을 위해 집단 내에 위계질서를 정하고,

나름의 규칙을 세워 강제한다. 최소한의 안정성을 유지하는 것이 지배에 도움이 되기 때문에, 백성 상호간의 약탈이나 살인 및 상해 등에 대해서는 엄중하게 처벌을 하지만, 지배계층에게는 그러한 규칙이 매우 관대하게 적용되거나 전혀 적용되지 않는다.

인간성에 대한 비관적인 주장을 하는 사람들 가운데 저속한 수준에 머무는 자들은 이러한 모습이 모두가 욕구 충족을 위해 투쟁하는 절대적인 무질서보다는 낫기 때문에 다소간의 불편은 감수해야 한다고 주장한다. 하지만 모두가 욕구 충족을 위해 투쟁하는 절대적 무질서는 상상 속에서나 존재하며, 그들이 말하는 제한적 질서란 사실 질서라기보다는 약육강식의 정글과 다름없다. 그 속에서 피지배층이 감수해야 하는 불편 역시 다소간의 것과는 전혀 거리가 멀다. 그들은 이런 사실에 일부러 눈을 감고 있는 것이다.

3. 저속한 비관론에 대한 낙관론의 반박

본성은 자연스러운 것이므로 식욕이나 성욕과 같은 것만을 본성으로 보아야지, 타인에 대한 공감과 같은 도덕적인 정서가 인간에게 천부적으로 내재하는 것은 아니라는 반론에 대해, 맹자는 "그렇다면 개의 본성이나 소의 본성도 똑같고, 소의 본성이나 사람의 본성도 똑같단 말인가?"13)라고 반문한다.

그는 아마 이렇게 말하고 싶었을 것이다. "당신들이 말하는 '자연스러운 본성'에 따라 소유욕과 성욕을 추구했던 주임금이나 수양제, 그리고 고려의 권문세족들이 지배하는 세상의 모습

---

13) 『孟子』, 「告子」, 上, 3.

을 보라. 개나 원숭이 집단과 인간 사회가 다를 것이 무엇인가? 약육강식만이 지배하는 세상은 다름 아닌 정글이다. 인간 사회가 그런 모습이라면 인간 역시 금수와 다를 바 없는 것이다."

인간에게 식욕이나 성욕이 자연스러운 것임을 부인할 수도, 부인할 필요도 없음이 분명하다. 하지만 그것을 '인간의 본성'이라고 부르는 것은 전혀 의미가 없다는 것이다. 앞서 살펴본 것처럼 개나 원숭이, 소나 돼지에게도 그런 욕구는 천부적이고 자연스러운 것이기 때문이다. 'A의 본성', 'B의 본성'이라고 부르는 것이 의미가 있으려면 그 둘 사이에 차이가 있어야 한다. 그것이 아무리 미세하다고 해도 말이다.

그 미세한 차이를 밝혀 인간이 동물과 어떻게 다르고 또 달리 행동해야 하는가를 밝히고자 하는 것이 맹자의 목표이다. 그리고 그는 생각 속에서 가상의 실험을 해볼 것을 제안하면서, "교통사고를 당해 뼈가 튀어나온 채 피를 흘리고 있는 멧돼지, 그리고 그 대상이 멧돼지가 아닌 사람이었을 경우에 대해 당신을 포함한 모든 사람들이 앞서 서술한 것과 같은 반응을 자연스럽게 보일 것임을 인정해야 하지 않겠는가? 그런 상황을 경험하는 것은 좀처럼 힘들기 때문에 식욕이나 성욕처럼 도드라지게 자연스러워 보이지 않을지라도, 선입견이 배제된 상황에서 나오는 그러한 반응 또한 자연스러운 것이라고 말할 수 있지 않은가?"라고 묻고 있다.

물론 "극소수이기는 하지만 그렇지 않은 사람도 있다."라고 강고하게 반발하는 사람도 있을 수 있다. 그런데 여기에서 주목해 보아야 할 점은 그렇게 말하는 사람조차도 자기 자신은 그런 잔인한 극소수에 포함되지 않는다고 생각하고 또 그렇게 주장할 것이라는 사실이다. "나는 그렇지 않아. 나는 정말 타인의 아픔에 대해 전혀 상관하지 않아. 나의 심장은 포식자의 그것만큼이나 차갑단 말이지."라고 당당히 말할 사람은 없을 것이다.

맹자는 아마 그런 사람에게 "당신은 자신을 포함한 '일반적이고 정상적인' 사람은 그런 상황에서 그렇게 반응할 것이라는 사실을 인정하지만, 연쇄살인이나 묻지마 살인을 저지르는 흉악범들이 존재하는 세상에 대한 실망과 두려움으로 인해 공감이라는 도덕적 정서가 우리에게 자연스럽게 내재한다는 주장을 선뜻 인정할 수 없어 반대를 하고 있을 것이오. 그러한 마음은 십분 이해가 가지만, 당신 스스로도 그들은 짐승만도 못하다고 생각하고 또 그렇게 말하지 않소? 그렇다면 당신도 그런 사람들을 매우 예외적인 부류로 여기고 있으며, 인간이라면 당연히 짐승과는 다른 어떤 특징을 가져야 한다고 생각하는

것이오. 내가 말하는 공감이라는 도덕적 정서가 바로 그것이
아니겠소?"라고 반문할 것이다.

당신은 아마도 "그럼 그 사람들은 무엇인가요? 그런 사람들
은 정말 짐승만도 못하게 태어나는 것인가요?"라고 묻고 싶을
것이다.

이에 대해 맹자는 "인간은 다른 사람의 기쁨과 슬픔, 그리고
특히 아픔에 공감할 수 있는 선한 본성을 가지고 있소. 그것은
인위적으로 주입된 것이 아니라, 자연발생적인 인간만의 특징
이오. 다른 종과 인간을 구별해 주는 종적 차이가 바로 그것이
라고 할 수 있소. 인간만의 고유한 이 성향은 인간이 다른 동
물과 공유하고 있는 자연적인 성향인 식욕이나 성욕처럼 강하
지 못하고 매우 미미하오. 어떤 동물의 유전자가 인간과 99퍼
센트 유사하다고 하오만, 거기에서 우리가 주목해야 하는 것은
99퍼센트가 아니라 나머지 1퍼센트라오. 그것이야말로 인간만
의 특징이기 때문이오. 그 미미한 인간만의 특징을 살리고 극
대화시킬수록 더욱 인간다운 인간이 될 것이고, 그 반대의 경
우라면 점점 금수에 가까워져서 최악의 경우에는 금수와 다를
바 없게 되는 것이오. 금수에 가까워지는 이유는 환경의 탓일
수도 있고 스스로 포기했기 때문일 수도 있소.14) 당신이 말하
는 사람들은 그런 경우일 뿐이오."라고 대답할 것이다.

사자와 돼지를 통해 비유해 보자. 사자와 돼지 둘 다에게 식욕과 성욕은 매우 자연스럽게 존재하지만, 그렇다고 해서 그 둘의 본성이 같다고 하지는 않을 것이다. 우리가 '사자의 본성'이라고 말할 때는 다른 동물과는 달리 사자만이 가진 어떤 특징을 일컫는 것이며, 돼지의 경우도 또한 마찬가지다.

그런데 어떤 사자가 사람의 손에서 인위적으로 사육되어 사자로서의 성질을 잃고 사냥은 하지 못한 채 수동적으로 주어지는 먹이만을 먹는다면, 그 존재를 사자다운 사자라고 할 수 있을까? 그렇게 길러진 사자는 외모만 제외한다면 개나 하이에나와 다를 바 없다. 사자 집단에서 태어나 사자답게 길러진 사자와는 전혀 다른 것이다.

이른바 '짐승만도 못한' 사람들도 동일하게 설명할 수 있다. 그들도 인간미와 애정이 넘치는 가정이나 집단에서 태어나고 양육되었다면 스스로의 존재 가치를 자각하고 그것을 더욱 극대화하기 위해 노력하는 전혀 다른 존재로 성장했을 것이다. 하지만 인간다운 모습을 어디에서도 발견하기 힘든 곳에서 짐승들과 다를 바 없이 수단과 방법을 가리지 않고 자기의 욕구만을 채우고자 하는 사람들 틈에서 자란 사람에게 그러한 자

---

14) 자포자기(自暴自棄)라는 고사성어는 이러한 맹자의 말에서 유래한 것이다. 『孟子』, 「離婁」, 上, 10.

각과 노력을 기대하기는 무리일 것이다.

우리는 여기에서 또 다른 한 가지 사실에 주목할 필요가 있다. 인간만의 특색이자 본성인 공감은 식욕이나 성욕처럼 대상을 만나면 저절로 작동하는 것이 아니라는 사실이다. 아주 예외적인 경우가 아니라면 자신이 좋아하는 맛있는 음식이나 자신이 그리던 아름다운 여인 혹은 멋진 남성을 보면 자신의 의지와 무관하게 욕구가 생겨나기 마련이다. 하지만 인간만의 특징인 공감 작용은 반대로 유혈이 낭자하고 뼈가 튀어나오는 것과 같은 예외적이고 특수한 경우에만 저절로 생겨나며, 그 외의 경우에는 의식적으로 주목하지 않는다면 알아볼 수 없을 만큼 미미하다. 맹자의 말을 들어 보자.

귀나 눈과 같은 감각기관은 생각을 하지 못하기 때문에 대상에 가려지고 만다. (감각기관이라는) 사물과 (욕망의 대상이라는) 사물이 만나면 서로 잡아당길 뿐인 것이다. 하지만 마음은 생각을 할 줄 안다. 생각을 하면 (바람직한 결과를) 얻게 되고, 생각하지 않는다면 얻지 못한다. 마음이라는 이 기관은 하늘이 우리 인간에게 준 것이다. 먼저 (인간다움이라는) 커다란 목표에 지향점을 세우면 작은 것들이 그것을 빼앗을 수 없다. 이렇게 거나란 사람이 되는 것이나.[13]

자신의 내부에서 미미하게 드러나는 인간다운 모습을 포착해서 그것을 키워 나감으로써 매 순간 인간다운 모습을 발휘하기 위해서 노력하는 것이야말로 공자가 모범을 보인 것과 같은 평생의 자기 수양 과정이다. 공자는 "열다섯 살에 (인간다움을 연마하는) 공부에 뜻을 두고, 서른 살이 되어서야 확고한 의지를 가질 수 있었으며, 마흔 살이 되어서는 의심하지 않게 되었고, 쉰 살에는 그것이 하늘의 명령임을 알게 되었으며, 예순 살에는 (무슨 말을 들어도) 귀에 거슬리지 않게 되었고, 일흔 살에는 마음 가는 대로 행동하여도 (인간다움에서) 벗어나는 일이 없었다."라고 자기 발전의 과정을 술회하지 않았던가? 이러한 노력은 연약한 식물의 싹을 섬세하고 정성스럽게 보살펴 그 식물이 군건하게 뿌리를 내리도록 하는 것과 유사하다.

이러한 수양의 과정은 윤리학적인 측면에서도 또한 매우 중요하다. 노력과 수양의 과정이 없는 삶에 대해 높은 평가를 내리는 것은 우스꽝스러운 일이다. 맛있는 음식 앞에서 자동적으로 식욕이 돋았다거나 혹은 마음에 드는 이성을 보고 마음이 동했다는 것이 칭찬받을 만한 일이라고 생각하는 사람은 없을

---

15) 『孟子』, 「告子」, 上, 15.

것이다. 하지만 배고픈 사람에게 자신의 음식을 나누어 주어야 하는 것과 같은 도덕적인 상황에서 인간다움을 발휘하는 것은 자동적으로 이루어지는 것이 아니다. 스스로 그 싹을 찾아내어 노력해야만 가능하며, 그렇기 때문에 높이 평가받아 마땅한 것이다.

미미하고 연약한 인간다움의 싹을 찾아 정성스럽게 키워 나간다면 누구나 이상적인 인격자인 성인(聖人), 군자(君子), 대인(大人)이 될 수 있다. 그리고 맹자에 따르면 그러한 마음공부의 방법은 '생각'이다. 도대체 무슨 '생각'을 해야 인격의 완성을 이룰 수 있는지에 대한 궁금증을 풀기 전에, 우리는 인간성에 대해 맹자와 반대의 주장을 펼친 사람들은 수양이나 인격자에 대해 어떻게 생각하고 있는지를 먼저 알아볼 필요가 있다. 보색 관계처럼, 어떤 주장이든 반대편의 주장과 대비시킬 때 그 주장의 특징이 가장 잘 드러날 것이기 때문이다. 또한 본성을 어떻게 바라보는가에 따라 인간다움과 행복의 관계가 전혀 달라진다는 중요한 사실도 이해할 수 있을 것이다.

4. 개량된 비관론자들의 주장과 그 결말

인간성에 대한 비관론자들 중에는 앞서 살펴본 것처럼 매우 거칠고 솔직하게 전제적인 지배 체제를 옹호하는 사람도 있지만, 대다수는 보다 개량되고 세련된 모습으로 자신을 포장하여 청중들을 현혹하고자 한다. 인간의 본성에 대해 비관적인 입장을 견지하더라도, 노력을 통해 약육강식의 정글에서 벗어나 문명화된 인간 사회를 건설할 수 있다는 것이다.

1) 고대 동양의 비관론적 입장 — 순자의 성악설

어느 정도의 상식을 갖춘 사람이라면 누구나 인간의 본성은 선하다는 주장, 즉 성선설로부터 맹자를 떠올리게 되는 것처럼 그 반대의 주장인 성악설 하면 순자를 떠올리게 될 것이다. 순자 역시 "인간의 자연스러운 본성에서 타인에 대한 배려와 같은 선한 모습은 전혀 찾아볼 수 없다. 인간의 본성이란 음식과 재화, 편안함에 대한 욕구에 지나지 않으며, 그러한 본성을 따른다면 혼란에 이를 수밖에 없다."라고 거칠 정도로 솔직하고 과감한 주장을 한다. 자연스러운 본성을 따르기만 한다면 앞서 말한 개나 원숭이 집단과 다를 바 없는 것이다.

하지만 순자에 따르면 그러한 상태는 불가피한 것이 아니며, 보다 문명화되고 세련된 사회가 가능하고 또 그 방향으로 나아가야 한다. 자연스러운 본성에 따르는 것은 무질서를 낳을 뿐이므로, 문명화된 인간과 사회를 향한 발전은 자연에 반하는 인위적인 노력에 의해 이루어져야 한다. 자신보다 앞서 각고의 노력으로 훌륭한 문명과 질서를 창조해 낸 성인들의 업적을 이해하고 체득하고자 노력해야 하는 것이다.

여기에서 우리는 순자가 '인위'를 의미하는 어휘로 '위(僞)'라는 단어를 택하고 있다는 점에 주목해 볼 필요가 있다. 일견 이 말이 '人＋爲'의 합성어로 '사람이 한 일'이라는 뜻이기 때문에 선택했을 것이라고 쉽게 생각할 수 있지만, 현재는 물론 당시에도 '참되다'는 의미의 '진(眞)'과 대비되는, '허위적인',

'잘못된', '위선적인', 혹은 '기만적인'이라는 의미로 사용되고 있었다.16)

　당시 자신의 주된 논적들이 사용했던 이런 용어의 의미를 몰랐을 리가 없는 순자가 부담감을 무릅쓰고 이 말을 선택한 것은 "가치 있는 행위란 단순히 자연스러운 성향에 따라 행동하기보다는, 허위적이고 기만적이라는 비판에도 불구하고 무제한적으로 욕구만을 충족시키고자 하는 자신의 본래 모습에 반하도록 노력하는 것이다."라는 사실을 강조하기 위함이다. 인위적인 문화적 업적에 의거한 훈련과 수양을 결여한 채, 자신의 자연적 성향에만 의존해서 행동해야 한다고 주장하는 자들은 "장님이 색을 구분하려 하고, 귀머거리가 음을 구분하려하는 것"17)과 같다고 비판한다. 순자의 이러한 비판은 일차적으로 장자를 겨냥하고 있겠지만, 현대의 많은 사람들이 오해하고 있는 것처럼, 맹자 역시 자연적인 성향에 따르기만 하면 된다고 주장한 것으로 생각한 듯하다. 그는 이 말을 통해 맹자와 장자를 동시에 공격하고 있는 것이다.

---

16) 대표적으로 『莊子』, 「齊物論」의 "道惡乎隱而有眞僞"와 『孟子』, 「藤文公」, 上, 4의 "從許子之道 相率而爲僞者也 惡能治國家", 그리고 「萬章」, 上, 2의 "然則舜僞喜者與" 등을 들 수 있다.

17) 『荀子』, 「修身」, "不是師法而好自用 譬之 是猶以盲辨色 以聾辨聲也."

짐승과 다를 바 없는 본래의 자연적 상태에서 벗어나기 위한 이러한 노력은 특히 통치자에게 필수적이다. 통치자가 이런 노력을 할 때 그가 속한 사회 전체가 약육강식의 정글에서 벗어나서 문명화될 수 있으며, 만물의 영장이 될 수 있다. 그런 지도자를 중심으로 무리를 지어 적절한 직분을 수행함으로써, 사자나 호랑이만큼 강하지 못하고, 말처럼 빠르지도 못하며, 곰처럼 힘이 세지도 못한 보잘것없는 인간이 그들을 지배할 수 있는 것이다.

문명화된 사회의 질서를 유지하기 위해서는 백성들이 통치자를 따르고 존경하며, 그를 중심으로 단결해야 한다. 물론 통치자가 성인의 업적인 보편적 원리를 잘 이해하고 체득해야 한다는 전제조건이 있지만 말이다. 백성들이 통치자를 따르고 존경하기 위해서는 지위에 합당한 권력과 특권, 그리고 재정적인 보상이 있어야 한다.

낮은 지위에 있는 사람은 더 많은 것을 바라지 않고, 높은 지위에 있는 사람도 자신의 지위에 맞게 주어지는 것에 만족한다. 그렇게 함으로써 재화도 부족하지 않고 욕구도 손상되지 않는 상태, 다시 말해서 모든 구성원이 적절하게 욕구를 충족시킬 수 있는 상태가 올 수 있다고 생각한 것이다. 그러한 역할 분담 체계를 순자는 예(禮)라고 불렀는데, 이는 현대적으로 사용되는 '예절'이라는 말보다는 훨씬 광범위한 '사회의 전반적인 규범 체계'를 가리킨다.

　역사상의 성인들은 각고의 노력을 통해 최적의 규범과 관습을 고안해 내었다. 구성원들은 사회가 어떻게 조직적으로 운영되어야 하고, 구성원 각각이 어떻게 다른 역할을 수행하며 그에 따라 어떻게 다른 보상이 주어져야 하는지 성인의 예에 의거해 파악할 수 있다. 이 규범 체계를 철저히 학습해서 그 정신까지 깨닫게 되면 성인과 같은 완전한 인간상이 된다. 모든 구성원이 순종해야 하는 보편타당한 원리, 그것이 바로 성인의 예인 것이다.

　이런 상하 차등적 위계질서는 우주의 질서를 본받은 것이기도 하다. 우주 만물이 차등적인 질서 속에서 본연의 위치와 역할을 지키고 있기 때문에 우주에 질서가 있는 것처럼, 인간과 인간 사회도 또한 그러해야 한다는 것이다. 우주(universe)의 질서와 상응한다는 점에서 그 질서는 보편적(universal)이다.

　순자는 저속한 성악설의 문제점을 통치자의 자기 수양과 그를 중심으로 한 위계적인 질서의 건설과 유지라는 방법으로 해결하고자 한다. 순자에 있어서 인격적 도야를 거친 통치자는 성인이 발견하고 자신이 선택한 보편적 원리[道]를 위해 필요하다면 목숨마저 버릴 수 있다.[18] 그런 지도자에 의해 공명정

대하게 운용되는 사회야말로 이상적이고 인간다운 사회라고 할 수 있는 것이다.

얼핏 보기에, 아니 자세히 살펴보아도 그럴싸해 보이는 이 주장은 사실 허점투성이다. 가장 먼저 떠오르는 근본적인 문제는 "각고의 노력을 통해 인위적으로 문화와 질서를 창조했다고 하는 성인은 과연 어떻게 그렇게 할 수 있었는가? 그들도 역시 인간이며, 따라서 그들이 가진 것이라곤 악한 본성밖에 없지 않은가? 또한 그들이 할 수 있었다면 나는 왜 그렇게 할 수 없는가? 나는 왜 수동적으로 그들의 업적을 추종해야만 하는가?" 하는 점이다.

그 대답은 지적 능력이 성인에 미치지 못한다는 것이다. 우리 모두는 인간의 지적 능력에 커다란 차이가 있다는 것을 알고 있다. 이론적으로는 누구나 성인이 창조한, 아니 발견해 낸 절대 불변의 규범에 대한 신념을 가지고, 그 조목뿐 아니라 원리까지 터득할 수 있도록 각고의 노력을 한다면 성인이 될 수 있다지만, 현실은 분명히 다르다. 그러한 성인이 다시 나올 수는 없는 것이다. 순자의 말을 직접 들어 보자.

---

18) 『荀子』, 「正名」, "人之所欲 生甚矣 人之所惡 死甚矣 然而人有從生成死者 非不欲生而欲死也 不可以生而可以死也."

길거리의 사람들도 모두 올바른 규범을 알 수 있는 자질을 가지고 있고, 그것을 실천할 수 있는 재능을 가지고 있다. 그러므로 그들이 성인과 같이 될 수 있음은 분명하다. … 하지만 이는 가능성일 뿐이다. 소인도 군자가 될 수 있는 가능성은 가지고 있지만 군자가 되려고 하지 않고, 군자도 소인이 될 가능성이 있지만 그렇게 되려고 하지 않는다. … 그러므로 길거리의 사람들도 성인이 될 가능성이 있는 것은 사실이지만, 사람들이 실제로 그렇게 될 수 있다는 것은 반드시 사실은 아니다. 비록 실제로 성인이 될 수 없다고 해도, 그렇게 될 수 있는 가능성이 있다고 말하는 데에는 아무 문제가 없다. 발로 온 세상을 걸어서 다닐 수 있는 가능성은 누구에게나 있지만, 여태까지 실제로 그렇게 한 사람은 없다.[19]

전체적으로 앞뒤가 안 맞는 주장임이 분명하지만, 백 보 양보해서 그의 주장을 여기까지 인정한다 해도 문제가 해결되는 것은 아니다. 이상적인 사회가 되기 위해서는 지배계급, 그 가

---

[19] 『荀子』, 「性惡」, "塗之人也 皆有可以知仁義法正之質 皆有可以能仁義法正之具 然則其可以爲禹明矣.…曰 聖可積而致 然而皆不可積 何也 曰 可以而不可使也 故小人可以爲君子 而不肯爲君子 君子可以爲小人 而不肯爲小人.…故塗之人可以爲禹 則然 塗之人能爲禹 未必然也 雖不能爲禹 無害可以爲禹 足可以遍行天下 然而未嘗有能遍行天下者也."

운데서도 통치자가 성인의 규범에 대한 확신을 가지고 장구한 시간 동안 노력을 경주하여 그 원리까지 이해하고 원리 자체에 대한 애정을 가지게 되어야 한다. 그런데 원리에 대한 이해와 애정이 없이 어떻게 확신을 가지는가? 이해와 애정이야말로 확신의 선행 조건이 아닌가?

이에 대해 순자는 인간에게는 다른 동물과 달리 분별력이 있기 때문에 그런 것이 가능하다고 주장한다. "인간이 인간인 까닭은 분별력이 있기 때문이다. 오랑우탄도 또한 두 다리로 걸으면서 털이 없지만, 군자는 그 국을 마시고 그 고기를 먹는다. 그러므로 인간이 인간인 까닭은 단지 두 다리로 걷고 털이 없기 때문이 아니라 변별력이 있기 때문이다. 변별력의 정수는 사회적 규범인 예이며, 그 정점에는 성왕이 존재한다."[20]

즉각적으로 "그런 분별력은 천부적이고 자연스럽게 주어진 것이 아닌가? 그렇다면 인간의 본성을 전적으로 악하다고 말하는 당신의 주장은 타당한가? 인간과 동물의 차이는 매우 드문데, 그 차이를 인간의 본성으로 보아야 한다는 맹자의 주장

20) 『荀子』,「非相」, "人之所以爲人者 … 以其有辨也 … 今夫狌狌形狀 亦二足而無毛也 然而君子啜其羹食其胾 故人之所以爲人者 非特以 其二足而無毛也 以其有辨也 … 辨莫大於分 分莫大於禮 禮莫大於 聖王."

과 다를 것은 무엇인가?"라는 반박을 하고 싶은 마음이 들지만, 자비를 발휘해서 순자의 입장을 헤아려 "분별력이란 냉정하고 단순한 계산 능력일 뿐이며, 맹자가 말한 가슴 따뜻한 도덕 감정과는 다른 것이다."라는 예상되는 대답을 일단 수용해 주기로 하자.

이런 분별력이야말로 성인들이 규범을 발견해 낼 수 있었던 원동력일 것이다. "우리에게도 그런 분별력이 있을 텐데 우리는 왜 못하는가?", "누구나 분별력을 가지고 있다면 상하 위계질서는 왜 필요한가?" 하는 문제가 다시 고개를 들겠지만, 이상과 현실의 차이에 대해 한 번 양보한 바 있으니, "이론과 달리 현실적으로 사람들의 능력에는 태생적인 차이가 있으며, 따라서 대다수의 사람들은 우월한 능력을 가지고 태어난 사람들의 인도에 따라야 한다."라는 예상되는 대답에 다시 딴지를 걸지 말고 논의를 계속 진행시키도록 하자.

순자에 따르면 분별력을 통해 우리는 성인이 발견한 사회규범의 장기적 효용을 판단할 수 있다. 그는 "성인이 발견한 보편적 규범과 원리를 따르는 것은 1만 원을 2만 원과 바꾸는 것과 같은 간단한 계산의 문제이다. 손해는커녕 엄청 남는 장사임이 분명한 것이다. 그럼에도 불구하고 다른 선택을 하는 사람들은 숫자에 밝지 못한 것이다."21)라고 말한다.

그렇다면 순자 당시에 백가쟁명(百家爭鳴)이라는 말이 나올 정도로 다양한 이론이 경쟁적으로 등장했던 것에 대해서는 어떻게 설명할 수 있는가? 순자에 따르면 그들은 보편적 원리의 일부만을 파악하여 전부인 양 과장하고 있으며, 보편적 원리는 자신의 이론뿐이다.22) 결론적으로 그들은 계산에 밝지 못한 사람들이며, 그들에 현혹되는 사람들 역시 그러한 셈이다. 그렇다면 결국 대다수의 사람들은 충분한 분별력을 가지지 못한 셈이 된다.

물론 이에 대한 설명도 없다. 그는 "천상천하유아독존(天上天下唯我獨尊)"을 주장하고 있을 뿐이다. 겸허하게 스스로를 되돌아보거나 다른 사람들의 입장을 헤아리려는 노력은 존재

---

21) 『荀子』,「正名」, "易者以一易一 人曰 無得 亦無喪也 以一易兩 人曰 無喪而有得也 以兩易一 人曰 無得而有喪也 計者取其所多 謨者從所可 以兩易一 人莫之爲 明其數也 從道而出 猶以一易兩也 奚得離道而內自擇 是猶以兩易一也 奚得 其累百年之欲 易一時之嫌 然且爲之 不明其數也."

22) 『荀子』,「解蔽」, "(凡人之患 蔽於一曲而闇於大理 … 天下無二道 聖人無兩心 … 墨子蔽於用而不知文 宋子蔽於欲而不知得 愼子蔽於法而不知賢 申子蔽於勢而不知知 惠子蔽於辭而不知實 莊子蔽於天而不知人 故由用謂之道 盡利矣 由欲謂之道 盡嗛矣 … 由天謂之道 盡因矣 此數具者 皆道之一隅也 夫道者 體常而盡變 一隅不足而擧之 曲知之人 觀於道之一隅 … 孔子仁知且不蔽 故學亂術 足以爲先王者."

하지 않는다. 다른 이론가들이 말하는 그들의 성인은 실상은 성인이 아니고 고도의 사기꾼이라 치부해 버린다. 참으로 독단적이고 오만하며 모순적인 사고가 아닐 수 없다.

그러한 오만의 결말은 극단적 수구주의이다. 전통적 규범에 대한 확신과 애정을 가지고 그것을 체화해야만 올바른 지도자가 될 수 있다면, 전통적 규범에 대한 비판이나 개정은 불가능해진다. 그에 대해 비판을 할 수 있는 자격을 가지려면 그 규범을 완전히 외우고 자신과 동일시하는 사람일 텐데, 그 사람이 다시 그것을 비판한다는 것이 과연 가능할까? 현실적으로 그런 자격을 가진 사람이 되는 것은 불가능하다고 이미 못 박아 두었지만, 설사 그렇지 않더라도 그런 과정을 거친 사람이라면 결코 비판과 개정의 노력을 하지는 않을 것이다.

한 가지 더 지적해야 하는 문제는 감정적 성향과 이성적 판단이 충돌할 때의 문제이다. 이성적으로는 다이어트를 해야 하지만, 더운 여름밤 '치맥'과 같은 야식을 향한 열정은 하염없이 불타오른다. 대다수의 사람들은 후자의 유혹에 굴복하고 만다. 그들에게 이성적 판단을 따르도록 하기 위해서는 담뱃갑에 부착된 혐오적인 경고 그림과 같은 충격적이면서도 기발한 방법이 필요하다.

하지만 순자는 "옳은 것은 군건히 좋아하도록 하라. 옳지 못한 것은 구역질나는 대상처럼 싫어하도록 하라."23)라고 명령조로 말할 뿐이다. 순자의 이런 태도는 "모두를 다 같이 평등하게 사랑하자는 겸애(兼愛)라는 이상이 훌륭하기는 하지만 실제로 그것을 실천하기는 너무나 힘듭니다."라는 제자의 질문에 "태산을 옆구리에 끼고 황하를 뛰어넘는 것 정도는 되어야 실현 불가능하다고 말할 수 있다. 그것은 옛날부터 지금까지 아무도 한 사람이 없기 때문이다. 하지만 겸애는 옛 성현이 이미 실천한 바 있으니 행할 수 있다. 실천하도록 하라."라고 말한 묵자의 태도를 재현한 것이다.

하지만 불가능한 것이 아니라고 해서 의지만으로 모든 것을 행할 수는 없다. 서로 사랑하는 연인은 말할 것도 없거니와 전지현과 같은 미인이나 걸그룹을 좋아하는 군인에게 "좋아하는 마음을 접도록 하라."라고 명령한다고 해서 그대로 될 리가 없다. 나아가 "우사인 볼트라는 사나이가 백 미터 기록을 세운 바 있으니, 그것은 불가능한 일이 아니다. 너도 그렇게 하도록 하라."라고 말하는 것은 더더욱 어리석은 일이다.

하고자 하는 일에 애정과 의지를 가지고 있다고 해도 할 수 없는 일이 많은 법이다. 하물며 하고 싶지도 않고 왜 그렇게

---

23) 『荀子』, 「修身」, "善在身 介然必以自好也 不善在身 菑然必以自惡也."

해야 하는지도 모르겠는 일에 대해 단순히 "너보다 우수한 판단력을 가진 사람들이 그것이야말로 성인의 보편적 도리와 합치한다고 판단했으니 그렇게 행하도록 하라. 그것이 불가능한 일은 아니다."라고 말하는 것으로 문제가 해결될 리가 없다.

결국 지배층과 피지배층의 의견이 엇갈리면 무조건 지배층의 의견에 따라야 한다. 분별력에 차이가 있기 때문이다. 지배층에게는 피지배층과 비교할 수 없는 특권과 여유가 주어지지만, 피지배층은 자신에게 주어진 현실에 만족하고 살아야 한다. 왜 그래야 하는지 이해가 되지 않고, 또 그럴 마음이 들지 않아도 무조건 그렇게 해야 한다. 그것이야말로 조화로운 사회의 조건이기 때문이다.

그렇다면 피지배층이 순응하지 않으면 어떻게 해야 하는가? 대답은 매우 간단하다. 어린 학생들의 경우에는 회초리를 들어야 하고, 성인들의 경우에는 강력한 처벌로 다스려야 한다. 당근과 채찍, 그중에서도 주로 채찍으로 백성들을 다스려야 한다고 주장한 법가의 대표적 사상가인 한비자와 이사가 순자의 문하에서 나온 것은 결코 우연이 아니다.

순자의 이론은 기존의 지배 질서와 그 근간이 되는 전통 규범을 무비판적으로 옹호하는 전형적인 전근대적 기득권 수호의 이데올로기에 지나지 않는다. 자녀에 대한 자애보다는 효가 강조되고, 백성에 대한 국가의 의무보다는 국가와 지배자에 대한 충성이 강조된다. 약자에 대한 배려는 없고 강자에 대한 복종만이 존재하는 이러한 모습은 전근대적인 사유에서 발견되는 지배적인 특성인 것이다.

2) 전근대를 지배한 서양의 대표적인 사상 — 플라톤의 이데아론

독자 여러분은 플라톤의 이데아론이 왜 여기에서 등장하는지 의아할 것이다. 이유는 간단하다. 나는 바로 앞 절에서 전근대를 대표하는 사상의 특징이 기득권 세력의 이익을 수호하는 이데올로기라고 말한 바 있는데, 근대 이전 서양 사상의 전반을 지배한 플라톤의 사상 역시 그에 속하기 때문이다.

플라톤은 철인왕이 다스리는 이상적인 국가를 주장했는데, 그것이 어떻게 기득권 수호의 이데올로기냐고 반문할 사람들이 있을 것이다. 이제 철인왕이 통치하는 이상국가론에 이르는 과정을 하나하나 살펴보기로 하자.[24]

---

24) 플라톤의 이데아론에 대한 이 부분의 설명은 졸저 『철학 땅으로 내려오다』(그린비, 2007)의 해당 내용을 일부 수정하여 사용하였음을 밝힌다.

우리는 다양한 대상에 대해 '이름'을 부르며 산다. 이름에는 '이순신', '유관순'처럼 세상에 단 하나밖에 존재하지 않는 것을 지칭하는 이른바 '고유명사'가 있고, '나무', '사람', '동물', '국가'처럼 하나의 명칭 속에 다수의 개체가 포함되는 '일반명사'가 있다. 이제부터 이야기하려는 것은 바로 후자, 즉 일반명사에 대한 내용이다.

서로 모양과 크기가 다른 삼각형을 생각해 보라. 모양도 다르고 크기도 다른데 왜 우리는 그것들을 모두 '삼각형'이라고 부르는 것일까? "세 각과 세 변으로 이루어진 도형을 그렇게 부르기로 약속했기 때문"이라고 대답하는 것은 그야말로 근대적인 사고의 산물이다. 전근대에는 합의 혹은 약속이라는 개념이 지금처럼 보편적이지 않았기 때문이다. 하지만 이런 점을 고려하지 않고 논의를 조금 더 진행시켜 보도록 하자.

이와 유사한 사례는 무수히 많다. 피부색과 체격, 얼굴 등이 모두 달라도 우리는 어떤 대상들을 동일하게 '인간'이라고 부른다. 이는 '책상', '나무', '꽃' 등에 대해서도 마찬가지다. 이러한 대상들에 대해서도 공통된 어떤 특징을 정해 놓고, 그 특징을 가진 것은 모두 그 이름으로 부르기로 약속한 것인가? 결국 모든 문화적 성과는 약속과 합의의 산물인가?

사례를 바꾸어 보면 생각만큼 쉽지 않다. 길을 가다가 어두

운 골목길에서 서로 껴안고 키스를 나누는 남녀 한 쌍을 보면 그 두 사람이 어떤 사이라고 생각하겠는가? 당연히 '사랑'하는 사이라고 생각할 것이다. 하지만 무단결석한 자식에게 부모가 회초리를 때리는 것도 자식을 '사랑'하기 때문이다. 이 '사랑'도 약속된 개념인가? 어떤 것을 사랑이라 부르기로 약속한 것인가?

'정의(justice)'나 '좋음(good)'과 같은 개념의 경우에는 더욱 아리송하다. 무엇을 '정의'라고 부르기로 하였는가? 사용자와 노동자가 임금 협상을 하는 경우를 생각해 보라. 양측 모두는 협상을 잘 진행하여 정의로운 결과를 도출해 내기로 합의한다. 그러나 좀처럼 결과에 대한 합의에는 이르지 못한다. 사용자는 자본을 투자한 사람이 많은 몫을 가지는 것이 정의라고 생각하고, 노동자는 상품의 생산에 직접적으로 노동력을 투여한 사람이 보다 많은 몫을 가지는 것이 정의라고 생각하기 때문이다. 하지만 어쨌든 세상 어느 누구도 일처리를 정의롭게 하자는 데 반대할 사람은 없다.

'좋음'은 다양한 대상에 사용된다. 좋은 술, 좋은 옷, 좋은 사람, 좋은 결과 등등 말이다. 그렇다면 '좋음'도 '삼각형'을 "세 변과 세 각으로 이루어진 도형"으로 정의하는 것처럼 정의할 수 있는가? '정의'나 '좋음'과 같은 개념이 합의를 통해 이루어진 것으로 설명하기 힘들다면, 그에 대해서는 다른 방식의 설명이 필요할 것이다. 그리고 그 설명이 성공적으로 이루어질 수 있다면, '삼각형'이나 '인간', '책상', '나무', '꽃' 등에 대해서도 그런 방식으로 설명할 수 있을지도 모른다.

여러분은 '긴 손수건꼬리 원숭이'를 아는가? 아마도 잘 모를 것이다. 그렇다면 만약 여러분이 그놈을 만난다면, 그것이 원숭이임을 알아볼 수 있겠는가? 여러분 중 대다수는 "그렇다"라고 대답할 것이다. 어떻게 그런 대답을 하게 되었는지 설명을 요구받는다면 당황하겠지만 말이다. 혹시 이런 설명 방식은 어떤가? 우리는 이미 표준적인 원숭이를 알고 있다. 그리고 그놈도 원숭이인 한 그 표준적인 원숭이와 닮았을 것이다. 그러므로 나는 그놈을 보면 그놈이 원숭이인 줄 알아볼 수 있을 것이다.

이러한 설명 방식에 동의한다면, 그런 설명이 다른 모든 개념에 대해서도 성립할 수 있음에 주목하라. 피부색과 외모, 체형 등이 천차만별인 사람들을 모두 '인간'이라고 부르는 것은 그들이 우리 마음속에 있는 '표준적인 인간'과 닮았기 때문 아닐까? 책상이나 꽃, 나아가 정의나 사랑에 대해서도 동일한 논리가 성립할 수 있지 않을까?

그러면 우리는 그 '표준적인 것'을 어떻게 알게 되었을까?

(잊기 전에 여기에서 한 가지 고백하고 넘어가야겠다. '긴 손수건꼬리 원숭이'는 존재하지 않는다. 내가 만들어 낸 개념일 뿐이다. ^^)

정말로 그렇게 설명한 사람이 있었으며, 그가 바로 플라톤이다. 그에 따르면, 태어나기 전에 우리의 영혼은 그 '표준적인 것들'이 있는 하늘나라에서 살았다. 그곳에는 우리의 영혼과 그 '표준적인 것들', 그리고 신들이 산다. 이 신들 가운데 하나가 그 '표준적인 것들'의 형상을 보고 이 세상에 존재하는 모든 것들을 만들었다.

이런 생각은 기독교의 창조론과 유사하기도 하고 다르기도 하다. 기독교의 유일신(God)은 말로 세상을 창조했고, 오직 인간만을 자신의 형상에 따라 만들었다. 그러나 아직은 전지전능한 유일신 개념이 등장하기 이전이었다. 신이 세상을 창조하기 위해서는 일종의 설계도가 필요했었나 보다.

그리고 그 신은 전지전능에 미치지 못하다 보니, 피조물을 설계도와 정확히 똑같이 만들지 못했다. 흔히 우스개로 말하듯이, 흑인은 너무 구워졌고 백인은 덜 구워졌다는 둥의 이야기와 유사하다. 그래서 세상에는 다양함이 생기게 되었다. 앞에서 말한 다양한 삼각형은 '표준적인 삼각형'의 모사이다. 다양한 꽃, 책상, 동물, 인간들도 모두 마찬가지다.

하늘나라에 살던 우리의 영혼은 이 세계로 내려와 육체와 결합하게 된다. 그런데 하늘나라에서 이 세계로 내려올 때, 영혼은 사막을 지난 후 강을 건너야만 된다. 사막을 지난 터라 목이 마르니, 모든 영혼이 강물을 마시지 않을 수 없는 상황이 되는 것이다. 그 강물의 이름은 '레테(Lethe)'이며, 이는 우리말로 '망각'이라는 뜻이다.

이제 전반적인 스토리를 이해할 수 있을 것이다. 우리의 영혼은 하늘나라에 관한 모든 기억을 잊고 육체 속에서 이 세상의 삶을 살아간다. 그런데 앞에서 '긴 손수건꼬리 원숭이'를 보면 그것이 원숭이인 줄 아는 이유는, '표준적인 원숭이'를 이미 알고 있고 지금 내가 보고 있는 대상이 그것을 닮았다고 생각하기 때문이라고 말했다. 영혼이 하강하면서 하늘나라의 일을 망각했다면, 어떻게 다양한 개체들이 표준적인 것들과 닮았음을 안단 말인가?

어린 시절에 살던 동네를 기억하는가? 첫사랑을 기억하는가? 수십 년 전 헤어진 친구를 기억하는가? 그와 닮은 존재들을 보았을 때, 어린 시절의 동네나 첫사랑처럼 까맣게 잊었다고 생각한 대상이 아련하게 떠오르는 것을 경험해 본 적이 있을 것이다. 닮은 존재가 망각하고 있었던 사실을 상기시켜 주는 촉매제 역할을 한 것이다.

하늘나라에서 '표준적인 것들'을 보고 살다가, 망각의 강물을 마시고 그것을 잊었지만, 그 표준적인 것들의 형상을 본떠서 만들어진 모사물들을 보면 잊혔던 것들이 다시 아련하게 생각날 것이다. 마치 어린 시절의 동네나 첫사랑, 헤어진 친구처럼 말이다. 정확하게는 아니지만, 최소한 그것이 삼각형의 형상을 닮았는지, 꽃의 형상을 닮았는지, 책상의 형상을 닮았는지는 알 수 있다. 우리는 이미 그것을 알고 있었던 것이다.

플라톤은 변화무쌍하고 불완전한 이 세계 '너머' 저편에 완전무결한 불변의 진리의 세계가 존재한다고 생각했다. 그리고 이 세상의 것들은 그 불변의 세계에 존재하는 것들을 본떠서 만들어졌다고 주장했다. 이데아는 다른 말로 '형상'이라고 불리는 그 이유도 이제는 분명해졌으리라 본다. 성경에서 신이 인간을 만들 때 자신의 형상에 따라 만들었다고 하는 것처럼, 플라톤의 이론에서는 신이 이 세상의 여러 존재들을 만들 때 이데아의 형상에 따라 만들었기 때문에 이데아를 '형상(Form)'이라고도 부르는 것이다.

플라톤에 따르면 우리가 사는 세계는 동굴과 같고, 우리는 동굴 속에서 손발이 묶여 있는 죄수와 같다. 우리 눈앞에는 스크린이 펼쳐져 있으며, 우리 뒤에서 지나가는 각양각색의 인형들의 그림자가 그 스크린에 비친다. 사슬에 묶여 평생 그것만을 보고 살았기 때문에, 그리고 그것 외에는 볼 수 없었기 때문에 우리는 이데아의 그림자를 실제로 존재하는 참된 존재라고 생각하며 살아간다.

만약 그 구속에서 풀려나 동굴 밖에 나와서 실재 사물을 본 사람이 있다면 어떨까? 물론 그가 동굴 밖에 나오기까지, 그리고 전혀 본 적이 없는 밝은 빛 아래서 실재하는 사물을 보기까지는 무수히 많은 어려움을 이겨 내야 할 것이다. 그리고 그 사람은 당연히 그림자만을 본 사람들보다 뛰어난 인식과 판단 능력을 가졌을 것이다. 플라톤은 그런 사람, 즉 철학자가 세상을 다스려야 한다고 주장한다. 이것이 그 유명한 '철인왕' 이론인 것이다.

정말 흥미롭고 그럴싸한 이야기가 아닐 수 없다. 실제로 플라톤이 진행하는 논변은 훨씬 복잡하고 정치해서, 일단 그의 말에 귀를 기울이기 시작하면 빠져나오기 힘들 정도이다. 오죽하면 2천 년이 넘는 서양 사상의 역사를 "플라톤에 대한 각주의 역사"라고 정의하기까지 했을까?

하지만 이데아론은 영원한 진리를 향한, 그리고 영혼의 불멸에 대한 인간들의 공통된 갈망이 투여된 그럴싸한 이론일 뿐, 따져 보면 설명되지 않은 부분이 너무 많다. 영혼이 하늘나라에서 땅으로 내려오다가 사막을 지나 레테의 강물을 마시게 되는 부분이라든가, 우리가 사는 세계를 동굴에 비유한 것과 같은 부분은 그럴 가능성이 있을 뿐이지, 필연적으로 그런 결말에 이르게 되는 것이 아님이 분명하다. 사실 학문적인 이론에서 비유가 등장한다는 것은 증명이 불가능함을 시인하는 것이나 다름없는 것이다.

하지만 무엇보다 심각한 문제점은 이데아론의 독단적인 성격으로 인해 지배 권력의 정당화에 이용되었다는 점이다. 플라톤은 이데아 세계로의 상승을 경험한 철학자가 동굴로 대변되는 형이하의 세계에 얽매어 있는 사람들을 지배해야 한다고 주장한다. 일차적으로 제기될 수 있는 문제는 과연 그 철학자가 양심적으로 통치를 할 것인가 하는 점이지만, 이데아를 직접 목격한 철인왕에게 그 정도의 신뢰는 전제하기로 하고 넘어가 보자. 정말로 심각한 문제는 철인왕이 과연 어떤 근거를 내세우며 어떤 방식으로 통치를 할 것인가이다.

동굴의 비유를 통해 설명했듯이, 철인왕이 통치를 해야 하는 이유는 그만이 그림자의 동굴에서 벗어나 이데아라는 실재를 보았기 때문이다. 그는 세계의 참모습이자 이상적인 모습을 보아서 알고 있다. 따라서 그는 어떤 방향으로 국가를 이끌어 가야 하는지를 가장 잘 알고 있다.

그러나 그는 불변의 절대적 진리를 어떻게 알았는가? 일반 사람들의 입장에서 본다면 어떤가? 비유에서는 그가 각고의 노력 끝에 사슬을 끊고 동굴에서 벗어나 이데아의 세계를 본다. 하지만 그것은 눈으로 보는 것이 아니다. 플라톤은 그것을 '상기'라고 설명하지만, 일반인들이 보기에는 예지 능력을 발휘하여 직관적으로 이데아를 포착한 것이다.

그렇다면 그가 이데아를 포착했음을 누가 어떻게 검증할 수 있는가? 우리나라에도 계룡산에 가면 불변의 진리를 찾고자 수련하는 사람들을 심심찮게 볼 수 있다. 때로는 자신이 도를 터득했노라고 주장하는 사람들이 나오기도 한다. 하지만 그가 도를 터득했음을 누가 어떻게 알 수 있는가?

일단 범인들의 입장에서는 그가 도를 터득했음을 알 수 없다. 철인왕과 마찬가지로 그는 범인과는 다른 고도의 정신적 능력을 통해 그것을 알아냈기 때문이다. 그를 알아볼 수 있는 사람은 그와 같이 정신적으로 높은 경지에 이른 사람뿐이다. 철인왕을 알아보고 선발할 수 있는 사람도 결국 이전의 철인왕뿐이다.

정신과 의사에 관한 우스갯소리를 아는가? 정신과 의사들은 언제나 정신적으로 문제가 있는 사람들을 상대하기 때문에 스스로에게도 문제가 생길 가능성이 높다. 그래서 자신보다 더 권위 있는 의사에게 정기적으로 체크를 받는다. 당연히 그 권위 있는 의사도 자신보다 더 권위 있는 의사에게 정기적으로 체크를 받는다. 이런 식으로 계속 진행되다 보면 아주 특이한 결론이 나온다. 가장 권위 있는 의사 한 사람만 정신적으로 이상이 생기면 온 세상이 제정신이 아니게 되는 것이다.

지나치게 단순화되어 있지만, 이 이야기는 시사하는 바가 있다. 만약 지배 엘리트 집단의 주장을 보통 사람들이 이해할 수 없다면, 그들이 엘리트인지 아니면 미친놈인지 어떻게 분간할 수 있단 말인가? 그들을 무조건 믿고 따라야 한단 말인가? 따르기 위해서는 최소한의 신뢰가 전제되어야 하는데, 엘리트들이 보통 사람들을 신뢰시킬 수 있는 방법은 없다. 그들은 예지의 눈으로 '보았을' 뿐이기 때문이다.

누군가가 여러분에게 "당신들이 지금 눈으로 보고 있는 것은 그림자에 불과하오. 실제 세상은 현재 암흑투성이라오. 어떤 사악한 과학자가 세상을 정복하고 나서 인간들이 반발할까 봐 모든 인간의 의식을 조작하여 평범하게 생활하고 있는 것처럼 꾸며 놓은 것이라오. 나는 예지의 눈으로 진실을 보았소." 라고 말한다면 그의 말을 믿겠는가? 그저 그를 미친놈이라고 생각할 것이다. 플라톤 자신도 동굴에서 탈출했던 사람이 돌아와 사람들을 각성시켜 주고자 한다면 동굴 안의 사람들은 그의 이야기를 믿지 않을 뿐만 아니라, 결국에는 그를 죽여 버리고자 할 것이라고 말한다.

문제는 여기에서 그치지 않는다. 만약 그 진리를 포착한 사람이 다수라면 또 다른 문제가 생기는 것이다. 계룡산에서 도를 터득했다고 주장하는 사람들을 모두 모아 놓으면 그들의 주장은 일치할 것인가? 당연히 그렇지 않을 것이다. 그랬으면 다양한 종교가 생겼을 리도 없다.

그들은 모두 자신이 터득한 것만이 절대적이고 보편적이며 객관적인 이치라고 주장할 것이다. 그런데 일단 상대가 있으므로 그것을 절대라 할 수 없고, 시공을 초월해야 하는데 당장 같은 시점에서조차 통용되지 않는 대상이 있으니 보편이라 할 수 없으며, 누가 보더라도 그러하지 못하니 객관적이라 할 수도 없다.

그렇다면 철인왕은 어떤 방법으로 다른 사람들을 다스리고 인도할 수 있을까? 자신은 포기할 수 없는 절대적인 진리를 알고 있으나, 설명할 수는 없다. 방법은 하나이다. 상대방의 무지를 질타하면서 강압적인 방법을 동원해서라도 자신의 주장을 관철시키는 것이다. 철인왕의 통치 방법은 조선시대에 왜 수절을 해야 하느냐고 묻는 과부에게 '여성의 도'를 말하거나, 중고생들에게 두발과 복장 제한의 근거로 '학생다움'을 말하다가, 더 따져 물으면 "너희가 뭘 안다고 그래?"라고 화를 내버리는 사람들과 크게 다를 바 없다.

이제 독자 여러분은 순자의 성악설과 플라톤의 이데아론이 어떻게 동일하게 기득권 수호의 이데올로기로 역할을 했는지 이해할 수 있게 되었을 것이다. 전근대의 사상은 대체로 유사했다. 중세 교회가 면죄부를 팔았던 것, 왕권신수설, 그리고 뒤에서 설명할 조선시대 주자학의 지배 등 구체적인 사례를 들자면 이루 헤아릴 수 없을 정도이다. 지배계급은 언제나 신의 의지나 우주의 섭리와 같은 불변의 보편적 원리를 거론해 가면서 자신들의 지배와 수탈을 정당화했다.

사람들에게 죽임을 당할 위기에 처한 철인왕은 고민에 빠진다. 죽음에 대한 성찰을 이미 마친 그로서는 죽음 자체가 두렵지는 않다. 그러나 자신이 죽는다면 세상과 자신을 죽인 사람들로서는 커다란 손실이 아닐 수 없다. 따라서 자신은 그들을 위해서라도 죽어서는 안 되며, 강제로라도 그들을 옳은 길로 인도해야 한다. 필요하다면 폭력을 사용하거나, 그들 중 일부 혹은 상당수를 희생시켜서라도 말이다.

하지만 이는 분명 독재자의 논리에 불과하다. 아무리 무자비한 공포정치를 행하는 독재자라도 궁극적으로는 그와 같은 논리를 내세우는 것이다. 쿠데타를 일으킨 박정희나 전두환이 권력에는 한 점의 욕심이 없다는 말을 손바닥처럼 뒤집고 스스로 최고 권력자의 자리에 오르면서 한 말도 "국가와 민족을 위한 희생"이라는 것이었다. 민주화를 외치는 시민들에게 물대포와 최루탄을 쏘아 가면서 내세운 논리는 "한 치 앞밖에 보지 못하는 근시안적이고 우매한 대중들로 인해 국가와 민족의 장구한 이익에 손상이 가는 것을 막기 위해서"였다.

극소수만이 보편적인 원리에 접근할 수 있으며, 그 원리에 접근할 수 없는 우매한 대중들은 그들의 인도에 무조건적으로 따라야 한다고 주장한다는 점에서 플라톤의 철인왕 이론 역시 순자의 성악설과 마찬가지로 지배 세력의 권위를 공고히 하는 데 봉사했던 것이다.

3) 중세 동양의 비관론적 입장 — 성리학의 이기론

주자학이라고도 불리는 성리학은 중세 중국뿐 아니라 조선 시대 전반을 지배했던 사상이며, 우리나라에서는 현재까지도 그 영향력이 작지 않다. 그런데 성리학을 조금 알고 있는 사람이라면 왜 이곳에서 성리학에 대한 논의가 등장해야 하는지 의아해할 것이다. 성리학의 완성자인 주희는 끊임없이 "인간의 본성은 선하다."라고 말하면서 유학의 정통은 공자에서 맹자를 거쳐 이어져 내려왔다고 주장하기 때문이다.

하지만 플라톤의 이론에서 어느 정도 감을 잡았듯이, 주장하는 내용이 곧바로 실제 그의 모습이라고 믿는 것은 지나치게 순진한 태도이다. 선거철만 되면 여야 할 것 없이 모두가 자신들은 보통 사람과 서민을 대변하는 정당이라고 침을 튀기지만, 그것이 사실이 아님은 너도 알고 나도 안다.

정치인들은 목적 달성을 위해서는 수단을 불사하기 때문이라고 말하는 것으로는 충분치 않다. 대학원 진학을 준비하는 학생들을 데리고 토론 수업을 할 때에도 그런 모습을 비일비재하게 목격했기 때문이다. 서로 반대되는 두 입장을 주고, 자신이 지지하는 입장으로 편을 갈라 토론을 진행하다 보면 뭔가 앞뒤가 맞지 않는 모습을 보이는 경우가 많았는데, 계속 따져 물어보면 그는 실제로 반대편에 서야 논리적으로 일관된 경우가 많았던 것이다. 물론 학생들 자신도 그런 결론을 인정했다.

이러한 괴리는 주희에게서도 똑같이 드러난다. 그는 인간의 본성이 선하며 자신이 맹자의 계승자라고 소리 높이지만, 실제로는 순자와 동일한 노선을 걷고 있는 것이다. 의아해하는 독자들은 이제부터 유학의 계보를 새로 정리할 필요성을 보여주는 논리 전개를 목격하게 될 것이다.

성리학의 근본 원리는 말 그대로 "성즉리(性卽理)", 즉 "모든 인간의 본성에는 보편적인 도리가 담겨 있다."라는 주장이다. 이런 측면만 놓고 보면 주희가 성리학을 통해 주장하고자 하는 내용은 순자의 성악설이 아니라 맹자의 성선설에 가까워 보인다. 그러나 논리 구조를 보다 정치하게 추적해서 결론에까지 이르러 보면 성리학의 주장이 순자의 그것과 얼마나 가까운지 쉽게 알 수 있다.

성리학의 기본 골격은 이기론(理氣論)이다. 이름 정도는 들어 본 사람도 있을 것이고, 일부 독자 여러분은 굉장히 생소함을 느끼겠지만, 플라톤의 이데아론을 이미 지나온 터라 이해에 커다란 어려움은 없을 것이다. 성리학을 설명하기에 앞서 플라톤의 이론을 설명한 것도 그런 이유에서이다.

이기론에 따르면 현실세계, 즉 형이하의 세계에 존재하는 모든 것은 기(氣)이다. 하지만 그 형이하의 세계의 존립 근거가 되는 형이상의 존재가 필요한데, 그것이 리(理)이다. 무슨 말인지 이해가 안 된다면, 성리학의 리란 이데아와 같은 존재라고 보아도 큰 무리가 없다. 리는 기의 설계 도면이자 작동 원리인 것이다. 다만 이데아가 천상계에 존재하는 것과 달리, 리는 사물 각각에 내재한다는 차이가 있을 뿐이다.

기독교에서 세계의 근본 원인으로서 절대자인 유일신이 존재하듯이, 플라톤의 이데아론에서도 개별 이데아들의 근원인

'선(善)의 이데아'라는 것이 있는데, 이는 성리학에서도 예외가 아니다. 리의 총체이자 원천을 태극(太極)이라고 부르는 것이다. 세계에 존재하는 모든 존재는 이 태극을 부여받는데, 그것은 마치 "달은 하나이지만, 온 강에 달이 투영되는[月印千江]"[25] 것과 같다. 따라서 형이상의 차원에서 볼 때 모든 존재의 본성은 같으며, 성즉리라는 말을 보다 정확히 표현하면 "성즉태극(性卽太極)"이라고 할 수 있을 것이다.

이데아론에서 현실의 모든 존재는 이데아의 모사물이므로, 원본 격인 이데아 없이는 어떤 물체도 이 세상에 존재할 수 없는 것처럼, 주자학에서도 리 없는 기는 존재할 수 없다. 하지만 이 세계 너머에 있는 이데아와는 달리 현실의 사물 속에 존재해야 하는 리 역시 기 없이 존재할 수 없다. 기가 구체적인 사물로 드러나기 위해서는 그 설계도이자 형상에 해당하는 리가 필요하지만, 형이상의 존재인 리가 형이하의 세계에 의미를 가지기 위해서는 그 세계에 존재하는 기를 통해야만 하는 것이다.

태극이나 리가 모든 존재의 보편적 공통성을 의미하는 말이

---

25) 이 비유는 원래 세상 만물이 어떻게 모두 불성을 가지게 되었는가에 대한 불교의 설명 방식이다. 세종대왕이 한글을 창제한 후 만든 『월인천강지곡』의 내용도 바로 이런 불교적인 것이다.

라면, 존재의 개별적 특성을 결정하는 것은 바로 기이다. 기는 유리나 물과 같아서 투명성과 균질성에 차이를 보이게 되는데, 그 차이에 따라 인간과 동물이 나뉘는 것이다. 세상의 모든 존재 가운데 가장 투명하고 균질한 기를 타고나면 인간이 되고, 그 투명성과 균질성의 정도에 따라 포유동물이 되기도 하고 조류가 되기도 하고 어류가 되기도 하는 식이다.

인간은 우월한 기를 타고났기 때문에 인의예지(仁義禮智)로 대표되는 리를 전반적으로 잘 드러내지만, 의(義)라는 덕목만이 드러나고 나머지는 그렇지 못한 기를 타고 태어나기 때문에 개미는 여왕개미에게 충성하는 덕목만을 보이게 되며, 까마귀는 인(仁)의 측면만이 드러나는 기를 타고 태어나기 때문에 효도를 다한다. 만물의 차이는 이런 식으로 설명된다.

하지만 주희를 포함한 모든 사람들의 관심거리는 이러한 생물학적인 내용이 아니라 인간과 인간 사이의 차이에 대한 내용이었다. 이에 대해 주희는, 균형 잡혀 있고 잘 통하는 기를 다 같이 부여받았음은 사실이지만, 어떤 사람은 정말로 맑고 품질이 좋은 기를 부여받았기 때문에 이 보편적 원리가 더 잘 드러나고, 어떤 사람은 비교적 탁하고 품질이 나쁜 기를 부여받았기 때문에 그렇지 못하다고 설명한다. 물속에 구슬이 가라앉아 있을 때, 물의 투명도에 따라 구슬이 드러나는 정도가 다른 것과 같은 이치인 것이다.

　그렇다면 기질을 부여받는 데 차이가 생기는 까닭은 무엇인가? 주희는 "날씨가 청명하고 기온이 적당할 때 잉태된 사람과 반대의 경우에 잉태된 사람은 부여받는 기가 다를 수밖에 없다."고 설명한다. 현대에도 태교가 존재한다는 점을 생각해 보면 전혀 터무니없는 주장만은 아니라고 할 수도 있겠지만, 참으로 조잡하고 유치하기 그지없는 설명이라고 할 수밖에 없다.

　성인은 최고로 맑고 품질이 좋은 기를 부여받아서 태극을 그대로 드러내는 존재이다. 따라서 성인의 행동은 곧 리 자체를 그대로 드러낸 것이고, 그 말을 기록한 경전도 또한 그러하다. 공자의 말과 맹자의 말에 표현상의 차이가 있을 수는 있어도 담긴 내용은 동일한 것이다.

　그러나 여전히 한 가지 의문이 남게 된다. 성선이라는 말은 모든 사람의 본성이 선하다는 말이다. 하지만 주희의 설명에 따르면 성인과 범인은 태생적으로 구분이 된다. 그렇다면 어떻게 성선이라고 할 수 있는가? 성인의 본성만이 선하다고 말해야 하지 않는가? 일부 독자 여러분은 이미 이론과 현실을 구분하는 순자의 논리를 감지했을 것이다. 주희의 대답 역시 그러하다. 이론적, 이상적으로는 모두의 본성이 선하다고 할 수 있겠지만, 기가 개입된 형이하의 현실적 본성은 차이가 있을 수밖에 없다는 것이다.

이제 가장 중요한 내용이 남아 있다. 성리학의 목적은 현실 세계를 과학적으로 설명하는 것이 아니라 당위적인 원칙을 밝히기 위한 것이므로, 당위란 무엇이고 어떻게 그것을 파악하여 실천할 수 있는지를 논해야 할 것이다. 이것이 바로 성리학의 가장 중요한 내용인 수양론이다.

주희 역시 순자처럼 모든 사람이 기질을 변화시켜서 성인의 경지에 이를 수 있다고 말한다. 그 핵심적인 방법은 두 가지인데, 하나는 "경건함"이라고 풀이할 수 있는 "경(敬)"이고, 나머지 하나는 "현실적인 상황과 규범에 대한 탐구"라고 풀이할 수 있는 "격물치지(格物致知)"이다.

격물치지는 상황 상황에서 당위적 규범에 대한 자신의 앎을 지극히 한다는 뜻이다. 아침에 일어나면 부모님께 밤새 잘 지내셨는지 안부를 묻고 밤에는 이부자리를 돌보아 드린다든지, 길에서 어른을 만났을 때는 어떻게 행동하고, 식사 중에는 어떻게 행동하는지에 대한 앎 등이 모두 이에 해당한다. 다시 말해서 세부적인 행동의 원칙을 탐구하는 것을 가리키는 것이다.

하지만 모든 현실은 불완전한 기에 해당하고, 그 원칙인 리는 감각이나 인식을 초월해 있기 때문에 파악할 수 없다. 그렇다면 우리는 어떤 방법으로 세부적인 상황 상황에서의 도리를 인지해서 행동에 적용할 수 있단 말인가? 이에 대한 설명은 매우 간단하다. 성인의 경전을 체득하는 것이다. 범인들은 혼탁한 기질로 인해 본성에 내재된 리를 올바로 드러낼 수 없지만, 성인은 완벽하게 잘 조화된 고르고 투명한 기질을 타고나서 자신의 본성, 즉 리의 총체인 태극을 온전하게 드러낼 수 있었기 때문이다.

성인이 구체적인 상황에서 한 말과 행동은 경전에 기록되어 있다. 리란 영원불변의 보편적이고 객관적인 진리이므로, 성인과 동일한 상황에 처한다면 그와 똑같이 행동해야만 한다. 따라서 특정한 상황이 닥치기 전에 어떤 상황에서 성인이 어떻게 행동했는지를 잘 연구할 필요가 있다. 이렇게 경전을 읽으면서 상황 상황에서 성인이 어떻게 말하고 행동했는지를 익히는 것이 격물치지의 주 내용이다. 격물치지란 결국 경전을 열심히 읽는 것을 말하는 것이다.

나머지 한 가지인 경에 대한 설명은 어렵게 하자면 한없이 어렵고 쉽게 하자면 한없이 쉽지만, 이곳에서는 후자를 택하는 것이 좋겠다. 여러분이 성리학을 전공할 것은 아니기 때문이다. 한마디로 말하면 경이란 "매 순간 경건한 마음가짐을 가지는 것"이다. 성인의 경전을 읽을 때뿐 아니라 그것을 실천에 옮길 때에도 확고한 신념을 가지고 읽는 것과 건성건성 읽는 것 사이에는 커다란 간극이 존재할 수밖에 없기 때문이다.

기독교를 믿는 사람의 예를 들어 보자. 성경을 읽으면서 예수의 말과 행동을 공부하는 것은 격물치지 공부에 해당한다. 하지만 그런 공부를 건성건성으로 한다면 어떨까? 공부한 내용이 진정한 자신의 것이 될 수 없을 것이다. 성경을 읽는 순간에도 그것이 만고불변의 진리임을 확신하는 마음으로 읽어야 하며, 성경을 읽지 않고 있는 순간에도, 아니 어쩌면 잠을 자는 순간이나 무의식의 순간에조차도 그것이 진리임을 믿어 의심치 않는 마음 자세를 가져야 한다. 한순간도 멍하게 방만한 태도를 가져서는 안 된다. 주희가 강조한 것이 바로 그러한 자세이다.

이제 두 가지를 겸하여 수양하는 효과를 비유를 통해 설명해 보자. 달걀의 껍데기를 벗길 때, 처음에는 조금씩 조금씩 벗겨 나아가게 되지만, 정성들여 잘 벗기다 보면 껍데기가 완전히 확 벗겨지는 경험을 한 적이 있을 것이다. 여기에서 달걀 껍데기가 조금씩 벗겨지는 것은 경건한 자세로 경전을 공부하고 실천에 옮김으로써 기질이 조금씩 맑아지는 것을 의미한다. 그러다가 보면 달걀 껍데기가 확 벗겨지는 것처럼 리를 은폐하고 있던 기질의 차단막이 한 번에 제거되는 것을 경험할 수 있다. 이를 주희는 "활연관통(豁然貫通)"이라고 부른다.

그렇다면 격물치지만이 필요한 것은 아니냐는 질문이 가능하겠지만, 주희의 입장에서는 절대로 그렇지 않다. 달걀 껍데기를 벗길 때 아주 방만하게 벗긴다면 활연관통으로 표현되는 체험이 가능할까? 달걀의 흰자 혹은 심지어 노른자까지도 껍데기와 더불어 뜯겨져 나가, 활연관통은커녕 누더기처럼 되어버리게 될 것이다. 천천히 조금씩 단계적인 수양을 할 때 반드시 수반되어야 하는 덕목이 바로 경건함인 것이다.

그렇다면 주희는 진정으로 기질을 변화시켜서 성인이 되는 것이 가능하다고 생각한 것일까? 주희의 대답은 "이론적으로는 가능하지만, 현실적으로는 어렵다."이다. 이는 같은 질문에 대한 순자의 대답과 정확히 일치하며, 후에 살펴볼 맹자의 대답과는 정반대편에 서 있다. 결국 주희의 사상이 맹자의 노선에 서 있는지, 아니면 순자의 노선에 서 있는지는 주희 자신의 말만으로 판단할 일이 아닌 것이다.

플라톤의 이데아론과 마찬가지로 성리학도 나름의 꽉 짜인 체계를 가지고 있다. 몇 가지 전제를 인정하고 나면, 세계가 마치 성리학 이론대로 돌아가는 듯한 환상을 가지게 된다. 성리학 전공자들이 그것을 이해하고자 노력하는 동안 자신도 모르게 성리학도가 되는 경우가 많은 것도 바로 이런 이유 때문이다.

성리학은 소수의 지식인 엘리트들이 지배하는 사회에 아주 잘 어울리는 철학이다. 심지어는 왕조차도 성리학의 경전에 대한 깊이 있는 지식을 보유하지 않으면, 지식인 엘리트의 주장을 무시할 수 없게 된다. 왕의 자의적인 명령보다는 성인이 파악해 낸 '우주의 원리이자 인류의 규범'이 훨씬 더 큰 권위를 가지기 때문이다. 정조가 학문에 집착했던 것도 지적 헤게모니를 장악하여 노론의 지배에서 벗어나고자 한 필사적인 노력이었다.

이런 측면에서 보면 성리학이 전제군주의 독재를 막는 긍정적인 기능을 가지고 있다고 볼 수도 있다. 하지만 순자의 이론이나 철인왕 이론과 마찬가지로 성리학은 역시 전형적인 전근대의 지배 이데올로기에 불과하다. 플라톤의 철인왕 이론처럼 검증 불가능한 형이상학적 진리와 신비적인 방법으로 그것을 파악할 수 있는 엘리트들의 소수 독재와 그들을 정점으로 하는 위계적 질서를 정당화하는 이론인 것이다.

순자와 마찬가지로 주희 역시 교육에서 회초리를 중시한다. 성인의 도리를 공부하는 데 게을리하는 자는 회초리를 쳐서라도 보편적 도리를 익히도록 해주어야 한다. 우매한 백성들이 성인의 도리에 따르지 않을 때에는 강압적인 방법, 나아가 폭력을 써서라도 바로잡아야 한다는 것 또한 놀랍도록 일치한다.

마지막으로 지적해야 하는 한 가지 사실은, 순자와 플라톤, 주희의 이론이 지배하던 사회에서는 금욕주의적 성향이 매우 강할 수밖에 없었다는 점이다. 세 사람 모두 현실에서 드러나는 욕구가 보편적인 원리를 파악하는 데 장애물이 된다고 믿었기 때문이다. 하지만 종교적 신념으로 가득 찬 극소수를 제외한 대다수 지배계층은 대체로 호의호식하며 식욕과 성욕으로 대표되는 욕망을 부족함 없이 충족하고 살았다. 그들이 전근대의 이데올로기를 옹호하고 백성들에게 금욕주의를 강요한 것은 재화의 부족 상황에서 자신들의 욕구를 탈 없이 충족시키기 위한 방편이었던 것이다.

4) 인간에 대한 비관론자들에 대한 평가

이제까지 나는 순자나 플라톤, 그리고 주희와 같은 전근대 사상가들의 주장이 기득권을 옹호하는 이데올로기로 작동해 왔음을 설명했다. 이에 대해 "저 위대한 사상가들을 너무 폄하하는 것 아닌가? 그들이 그러한 저급하고 이기적인 목적으로 자신의 이론을 개진했을 리가 없지 않은가?"라는 질문을 던질 독자 여러분도 적지 않을 것이다.

나는 그들이 고상하고 숭고한 목적을 가지고 있었음을 믿어 의심치 않는다. 그들 모두는 어지럽고 혼란한 세상을 어떻게든 바로잡겠다는 사명감을 가지고 평생을 바쳐 연구에 연구를 거듭한 끝에 방대하면서도 나름의 내적 일관성을 갖춘 독창적인 이론을 완성했을 것이다.

하지만 인간사에서는 의도한 바와 다른 결과가 생겨나곤 하는 경우가 너무나도 많다. 부모는 자식을 위해 잔소리를 하고 회초리를 들지만, 자식에게는 기성세대의 낡은 사고에 안주한 부모가 시대와 상황의 변화를 무시한 채 자신의 가치만을 강요하는 것으로 비치기 십상이다. 사담 후세인이나 카다피도 제국주의의 만행에 맞서 자국과 제3세계의 자유와 주권을 수호해야 한다는 신념에 불탔을 것이 분명하지만, 그들의 강압 통치하에서 오랫동안 신음하던 많은 사람들에게 그들은 이기적이고 탐욕적인 독재자에 불과하다. 히틀러나 김정은, 박정희나 전두환과 같은 사람들도 예외는 아닐 것이다.

그들 모두 "보통 사람들의 천부적이고 자연스러운 모습이란 신뢰할 수 없으므로, 우주의 섭리나 형이상학적 질서와 같은 보편적이고 초월적인 원칙을 파악한 선지자들이 그들을 인도해야 한다."는 식의 이론에 의거해 있으면서도, 그런 이론이 무한 퇴행이라는 자가당착에 빠질 수밖에 없음을 인지하지 못했던 것이다.

그들의 주장에 따르면 대다수의 인간들은 그러한 원칙을 이해하기는커녕 그에 접근하는 것조차 불가능한 반면, 그들을 인도해야 할 소명을 받은 소수는 어떤 방식으로든 대다수의 사람들과 달리 초월적인 도리에 접근할 수 있어야 한다. 이런 상황에서 그 도리를 이해하지 못하는 다수가 그들을 이해하고 자발적으로 그들에게 순응하려 할 리가 없다.

결국 선지자를 자처하는 사람들과 그렇지 못한 사람들 간의 갈등은 필연적이며, 이미 다수의 판단이 그른 것이고 자신은 그들을 인도해야 하는 선지자라는 신념을 가진 사람들은 설사 자신이 독재자라는 오명을 쓰는 한이 있더라도 자신의 소명을 포기할 수 없을 것이다. 그들은 언제나 "역사가 나를 올바로 평가해 줄 것"이라는 말로 자신이 인정받지 못하는 현실에 울분을 토하곤 한다.

어쩌면 그들이 옳을 수도 있다. 그들은 시대를 너무나 앞서간 선지자일지도 모른다. 하지만 그렇다면 애인이나 마누라에게 폭력을 휘두르면서, "내가 당신을 사랑해서 이러는 것 알지?"라고 말하여 미친놈 취급받는 사람 역시 시대를 앞서간 사람이 아니라고 단언할 수는 없다.

"너희가 몰라서 그래. 나는 너희를 올바른 길로 인도해 주고

90

있는 거야."라는 외침에 대해서는 "당신이 몰라서 그래요. 당신은 제정신이 아닌 거예요."라는 말로 충분히 반박 가능하다. 둘 중 어느 쪽이 옳은지 입증할 수 없다면, 최소한 어느 한편이 다른 편에게 강압적인 방식을 사용하는 것이 정당화될 수 없을 것이기 때문이다.

진정으로 상대방을 위해 올바른 길로 인도하는 것이려면, 상대방에게 그것을 이해시키고 느낄 수 있도록 해주어야 한다. 애인이나 아내를 사랑한다면, 폭력을 휘두를 것이 아니라 사랑받고 있음을 알고 느낄 수 있도록 해주어야 한다. 진정으로 피지배층을 배려한다면, 그들이 배려받고 있음을 느낄 수 있도록 해주어야 하는 것이다.

인간에 대해 비관적인 견해를 가지고 선지자의 필요성을 주장하는 이론가 가운데 자신이 바로 그 선지자 중 한 사람이라고 생각하지 않는 사람은 아무도 없다. 백가쟁명의 시대에 다른 모든 이론을 비판했던 순자는 자신만이 공자의 정통을 이었다고 생각했으며, 주희가 공자와 맹자를 거쳐 자신에 이르는 도통(道統)의 계보를 만든 것도 자신의 이론만을 정통의 위치에 두고 자신과 다른 모든 이론을 이단으로 비판하기 위함이었다.

하지만 한 발 물러서서 본다면 그런 사람은 자신의 야욕을

정당화하려는 야망가이거나, 비관적인 처지를 개탄하는 사람
에 불과하다. 그것이 학문적인 영역에서든 정치적인 영역에서
든 말이다. 전근대적인 독재자의 논리를 정당화하는 것, 그것
은 인간에 대한 비관적인 견해의 필연적 결말인 것이다.

성선설에 입각한
도덕과 개인의 행복,
그리고 사회적 안정

孟子

독자 여러분을 포함해서 정상적인 고등교육을 받은 사람이라면 맹자의 성선설에 대해 한 번쯤 들어 보았을 것이며, "성선설이 무엇인가?"라고 묻는다면 "인간의 본성은 선하다는 주장입니다."라고 자신 있게 대답할 것이다. 하지만 "그렇다면 인간의 본성은 선하기 때문에 교육도 처벌도 필요 없다는 말인가? 그러면 맹자는 현실에 눈 감은 바보란 말인가?"라고 한 단계만 더 깊이 물어보면 대다수는 꿀 먹은 벙어리가 되어 버리고 말 것이다.

　이 문제에 대해 조금 더 관심을 가졌거나 깊이 있는 설명을 들어 본 적이 있는 사람이라면, "인간의 본성은 선하지만, 그것은 실마리에 불과하기 때문에 노력을 기울여야 합니다."라고 대답할 것이다. 이런 대답에 대해서는 물론 "실마리에 불과한 미미한 부분을 왜 본성이라고 부르는가? 노력을 한다면 어떤 노력을 어떤 식으로 해야 하는가?"라는 질문이 기다리고 있으며, 그에 대해 올바로 대답할 수 있는 사람들은 많지 않을 것이다. 심지어는 전공자들마저도 말이다. 이것이 우리나라 학문과 교육의 현실이다.

하지만 인간의 본성에 대한 질문은 "나라는 개인과 내가 속한 우리 사회를 어떻게 바라보고 이끌어 가야 하는가?"라는 문제와 불가분의 관계를 가지고 있다. 앞서 살펴본 비관론자들의 이론과 그 결말을 통해서 잘 알 수 있듯이, 인간의 본성에 대해 어떤 견해를 가지는가에 따라 지배자와 피지배자의 관계 설정을 포함한 정치적인 입장뿐 아니라 자신의 인생 항로와 타인과의 관계 설정에 대한 결정 또한 전적으로 달라질 수밖에 없는 것이다.

따라서 인간의 본성에 대한 논쟁에 대해 정확히 이해하고 그에 대한 자신의 입장을 분명하게 정리한다는 것은 개인과 사회를 바라보는 분명한 시각을 가지는 것, 나아가 개인적인 삶과 사회 운영 전반에 대한 확고한 철학을 가지는 것을 의미한다. 이 또한 비관론에 대한 설명 과정에서 이미 어느 정도

납득이 되었으리라 생각한다.

이제부터 우리는 이 책의 본령인 맹자 성선설의 본격적인 이해를 위한 노력에 돌입할 것이다. 앞서 제기한 단계별 질문 가운데, "실마리에 불과한 미미한 부분을 왜 본성이라고 부르는가?"라는 문제에 대해서는 앞 장에서 이미 자세히 설명했으므로 충분히 이해가 되었을 것이라 생각한다. 이제부터는 "맹자는 식욕이나 성욕과 같은 욕구 충족의 문제, 즉 행복의 문제에 대해 비관론자들과 어떤 입장 차이를 보이는가? 다시 말해서 맹자에게 있어서 인간다움과 행복은 별개인가, 아닌가?", "왜 인간답게 살아야 하는가?", "미미한 본성으로부터 인간다움을 실현하기 위해서는 어떤 노력이 필요한가?", "모든 인간의 본성이 선하다는 주장은 어떤 함의를 가지고 있는가?"와 같은 문제들에 대해 깊이 있게 살펴볼 것이다.

1. 본능적 욕구와 인간다움은 별개가 아니다

위에서 제기된 문제들 중 먼저 욕구 충족과 행복의 관계를 살펴보기 위해 『맹자(孟子)』에 등장하는 한 가지 일화로부터 시작해 보기로 하겠다. 그 일화는 맹자가 당시의 제후 중 한 명을 만나 올바른 지도자상에 대해 대화를 나누던 중의 일이다. 뒤에서 더 잘 드러나겠지만, 여기에서 말하는 올바른 지도자란 인간만이 가진 특징을 잘 실현하여 인간다움의 모범을 보임으로써 다른 사람들을 인도할 자격과 권위를 가진 사람을 말한다.

대화가 진행되는 가운데 맹자의 연이은 충고에 왕은 "제게는 커다란 단점이 있으니, 재화를 너무 좋아한다는 것입니다."

라고 말하였다. 그러자 맹자는 "재화를 좋아하더라도 문제가 없습니다. 백성과 함께하기만 한다면 최고의 지도자가 되는 데 아무 문제가 없습니다."라고 대답하면서, 고대의 한 지도자에 관한 일화를 소개한다. 그는 백성들도 자신과 마찬가지로 재화를 좋아할 것임을 이해하고, 전쟁터로 나가는 병사들은 물론 남아 있는 사람들도 양식 걱정을 하지 않을 수 있도록 함으로써 커다란 존경을 받았을 뿐 아니라 역사에 이름을 남겼다는 것이다.

그러자 왕은 또다시 "제게는 또 다른 커다란 단점이 있습니다. 저는 여색을 좋아합니다."라고 말하고, 맹자는 이번에도 역시 "여색을 좋아하는 것도 마찬가지입니다. 백성과 함께하기만 한다면 최고의 지도자가 되는 데 아무 문제가 없습니다."라고 대답한다. 그리고 또다시 옛날의 훌륭한 지도자 중 한 사람의 이야기를 들려준다. 그는 자신의 후처를 매우 사랑하여 오랑캐에게 쫓기면서도 그녀를 동반한 채 안주할 곳을 물색하였는데, 백성들 가운데 누구도 그러한 모습을 비난하지 않았다고 한다. 그는 많은 여성들을 독점하지 않음으로써 백성들 모두가 자신의 짝을 찾아 생활할 수 있도록 해주었기 때문이었다.

도대체 무슨 이야기인지 잘 이해를 하지 못할 독자들이 많을 것이므로, 다른 사례를 통해 설명해 보도록 하겠다. 첫 번

째로, 재화를 좋아하는 것과 관련한 이야기를 잘 이해할 수 있도록 도와줄 효과적 매개 가운데 하나는 아마도 '국민방위군 사건'일 것이다. 사건의 전말은 다음과 같다.

[사례] 한국전쟁 당시 인해전술을 앞세운 중공군의 개입으로 한때 우위를 점했던 전세가 다시 불리해지자, 이승만 정권은 50만 명의 청년들을 징집, 국민방위군을 창설하여 전선에 투입시키는 방법을 채택하였다. 그런데 중공군의 남하로 인해 경상남도 진주로 집결하던 청년들 가운데 20퍼센트에 가까운 9만여 명이 사망하는 상황이 발생하고 말았다.

이 참혹하고 어이없는 비극의 원인은 지도부의 부정부패였다. 당시 국민방위군 사령관을 비롯한 고위 간부들이 정부에서 지급된 국고 보조금뿐 아니라 군수물자까지 부정적으로 처분하여 착복한 것이었다. 당시 돈으로 20여억 원의 금품과 쌀 5만 석 이상이라 하니, 상상을 초월하는 규모였다. 살을 에는 한겨울의 추위 속에 도보로 수백 킬로미터를 행군해야 하는 청년들에게 의복은커녕 식량마저 지급되지 않았으니, 9만여 명이 사망한 것은 어쩌면 당연한 일이었던 것이다.

문제의 근본적 원인은 당시 국민방위군 고위 지도자들의 재화에 대한 지나친 욕구였다. 그들은 재화에 대한 욕구란 누구에게나 동일하다는 사실에 눈을 감은 채 일신의 욕구만을 극대화하고자 함으로써, 무수히 많은 사람들을 생명 유지에 필요한 가장 기본적인 욕구조차 충족할 수 없는 처지로 몰아넣었던 것이다.

20세기에도 이런 비극이 벌어질 정도였으니, 시대를 거슬러 올라갈수록 상황이 더 심각하면 했지 덜하지는 않았을 것임을 미루어 짐작할 수 있다. 앞서 한 차례 인용한 바 있는 수양제의 사례를 상기해 보면 쉽게 이해가 갈 것이다. 그러니 하물며 수양제보다 수백 년도 더 거슬러 올라가야 하는 맹자의 시대에는 어떠했겠는가? 그런 상황에서 전쟁터로 나가는 군인들은 물론 그들의 가족까지도 양식에 대한 걱정이 없도록 배려한 지도자가 얼마나 돋보였을 것인지는 굳이 더 길게 설명하지 않아도 알 수 있을 것이다.

두 번째 이야기는 의자왕과 3천 궁녀 이야기를 떠올리면 이해가 쉬워진다. 많은 남성들은 의자왕을 부러워하겠지만, 그 이면에는 무수히 많은 비극적인 남성들의 애환이 있었다. 설이 분분하기는 하지만, 백제의 인구를 매우 관대하게 2백만 정도로 추산하고 논의를 진행해 보자. 남녀를 반반으로 보아, 1백만 정도를 여성으로 보고, 결혼 적령기 여성을 30퍼센트 내외

인 30만 명 정도로 보면, 왕 한 사람이 그 가운데 1퍼센트를 독점했다는 결론이 나온다.

물론 왕만 그런 것은 아닐 것이다. 왕실의 남성들은 물론 고위 귀족들도 왕을 흉내 내었을 것이 분명하니, 결혼 적령기 여성 가운데 수십 퍼센트는 극소수 지배계층의 차지였다고 보아야 한다. 역으로 말하면 일반 백성들 가운데 최소 수십 퍼센트는 배필을 찾을 수 없는 상황에 놓일 수밖에 없었던 것이다.

물론 나의 일천한 역사적 지식과 무식할 만큼 과감한 계산 방식에 문제가 많을 뿐 아니라, 의자왕과 3천 궁녀 이야기 역시 허구일 가능성이 높음을 충분히 염두에 두어야 한다. 하지만 그럼에도 불구하고 이 이야기는 상징적인 의미가 있다. 절대왕정 시기에는 그런 상황이 예외적인 것이 아니었음을 잘 보여주는 것이다. 실제 사례를 살펴보자.

[사례] 중국의 어떤 왕은 후궁들을 일일이 만나 보기가 힘들어 화공으로 하여금 초상화를 그리게 한 뒤 그 가운데 마음에 드는 여성들만을 상대했더니, 후궁들이 모두 화공에게 뇌물을 주면서 자신을 예쁘게 그려 달라고 했다. 그런데 왕소군이라는 최고의 미인마우 뇌물을 주지 않자 화가 난 화공이 추한 모습으로 초상화를 그렸다. 마침 북쪽 오랑캐 족장이 화친의

표시로 후궁 한 사람을 요구하자, 왕이 화첩에서 가장 못난 여인으로 그려진 왕소군을 지목했다. 그러나 막상 실물을 보니 절세가인이라 왕인 자신을 기만하고 능멸한 화공을 죽여 버리고 말았다. 이후 죽을 때까지 북방에 살면서 중국의 다양한 생활문화를 전파하기도 한 왕소군은 추운 오랑캐 땅에서 고향을 그리워하면서 "춘래불사춘(春來不似春)", 즉 "봄이 왔지만 봄 같지가 않도다."라는 유명한 구절이 포함된 애절한 시를 남긴 것으로 유명하다. 그녀 사후에 그녀의 무덤에는 오랑캐 땅의 흰 풀이 자라는 다른 무덤과 달리 항상 파란 풀이 덮여 있어서 사람들이 그것을 청총(靑冢)이라 불렀다고 한다.

허구의 가능성이 매우 높은 의자왕의 이야기와는 달리, 많은 남성들의 부러움과 안타까움을 낳은 이 이야기는 실제 역사적 사실이다. 후궁들의 얼굴을 기억하기는커녕, 한 번씩 만나 보기조차 힘들어 화공으로 하여금 초상화를 그리게 했다니, 얼마나 많은 후궁을 두었는지 짐작도 하기 힘들 정도이다.

또 다른 어떤 왕은 날마다 어느 후궁을 찾아가야 할지 결정하기가 힘들어서 염소가 끄는 마차를 타고 가다가 염소가 멈추는 곳에 거처하는 후궁과 그날 밤을 보냈다고 한다. 왕이 수백 명 이상의 후궁을 두는 것은 흔한 일이었으며, 그 수가 수

천을 넘어가는 일도 비일비재했다.

앞서 말했듯이, 이런 식으로 왕이 자신의 성욕만을 무제한적으로 충족시키고자 하면 당연히 고위 관료와 귀족들도 자신의 지위 고하에 따라 그런 작태를 따라 할 것이고, 결과적으로 무수히 많은 백성들은 짝을 찾지 못하여 가장 기본적인 욕구 충족조차 할 수 없게 된다. 맹자는 이렇게 자신의 의사와 무관하게 혼자 살아야만 하는 사람들을 "광부(曠夫)", 즉 "옆자리가 비어 있는 남자"라고 불렀다.

군인들의 식량과 의복을 착복하여 자신의 욕심만 채우는 지도자들 사이에서 군인들은 물론 그 가족의 식욕까지 충족시켜 준 사람이 추앙을 받았던 것처럼, 대다수의 최고 지도자들이 수많은 여성들을 독점하고 그 아래의 지배계급들도 그런 행위를 본받음으로써 다수의 국민들이 짝을 찾을 수 없었던 시대에, 스스로가 전쟁터에 후궁을 데리고 다닐 정도로 여자를 좋아했던 지도자가 백성의 비난은커녕 찬양을 받을 수 있었던 것은, 백성들도 자신과 같은 욕구를 가졌음을 인정하고 함께 욕구를 충족할 수 있는 길을 택했기 때문이다.

여기에서 주목해야 하는 점은 인간다움을 실현하는 방법이 식욕과 성욕으로 대표되는 감각적 욕구의 충족과 전혀 상충되지 않는다는 사실이다. 이런 입장은 인간의 본성을 비관적으로 바라보는 사람들이 감각적 욕구를 악의 근원으로 보고, 보통 사람들은 접근할 수 없는 초월적이고 보편적인 도리에 의해 통제되어야 할 것으로 보는 금욕주의적 경향을 띠는 것과는 크게 대비된다. 실제 사례를 통해 비교해 보자.

정통 가톨릭을 고수하는 유럽 일부 지역에서는 쾌락을 위한 목적으로는 부부간의 성관계조차 금기시한다. 부부관계란 그 자체로는 악한 것이며 잉태라는 성관계 본연의 목적과 결합될 때에만 허용 가능하다는 것이다. 그들은 인간의 육체적 욕구란 신의 명령이라는 형이상학적 원리에 종속되어야 한다고 주장한다. 이런 입장에서는 전쟁터에 나가면서까지 사랑하는 후궁을 동반한 사람이 용납될 리가 만무하다. 한 가지 재미있는 사실은 성관계조차 신의 소명을 생각하며 제한적으로 경건하게 행해야 했던 그 지역 사람들 상당수가 알코올 중독이었다는 것이다.

맹자는 인간의 본성을 가장 잘 실현하여 최고의 인간다움이라는 덕목을 갖춘 지도자에게 식욕이나 성욕 같은 기본적인 욕구를 추구하는 것 그 자체는 전혀 부끄러워하거나 금기시할 일이 아니라고 말한다. 문제가 되는 상황은 자기 혼자 지나치게 독점하고자 하는 욕심에 다른 많은 사람들의 욕구를 좌절시키는 것일 뿐이다.

2. 왜 인간다움을 실현해야 하는가?

그렇다면 우리는 왜 인간다움을 실현해야 하는가? 왜 도덕적 행동을 해야 하는가?

비관론자들 가운데 일부는 "그렇게 해야만 사회적 질서가 유지될 수 있기 때문"이라고 대답할 것이다. 하지만 사회를 위해 헌신해야 할 다른 이유가 없다면, 질서를 유지하기 위해 노력하기보다, 무질서 상태에서 자신이 정글의 왕인 사자와 같은 강자가 되는 것이 더 쉬운 방법일 수 있다. 사자는 먹이사슬의 정점에서 최강 포식자 노릇을 하는 데 만족하지, 정글의 질서를 바로잡기 위해 노력하지 않는 것이다.

앞서 살펴본 것처럼 이런 대답을 하는 비관론자들은 강압적인 방법을 사용할 수밖에 없다. 보편적 원리에서 소외된 무지몽매한 대중에게 설득이라는 방법은 통하지 않을 것이기 때문이다. 그렇다면 그들이 정글의 최강 포식자와 다른 것은 무엇인가 하는 의문이 생길 수밖에 없으며, 그들의 입장에서는 포식자 노릇에 만족하지 않고 질서를 유지하고자 하는 이유가 분명히 제시되어야 한다.

그래서 등장하게 되는 대답이 "그것은 보편적인 도리이자 우주의 섭리이기 때문"이라는 것이다. 같은 부류에 속하는지는 분명치 않지만, "이성적으로 판단했을 때 그것은 무조건적으로 지켜야 하는 명령과 같은 것이기 때문"이라고 대답했던 학자도 동일한 노선에 있다고 보아야 할 것이다. 이들의 대답은 모두 "그것은 절대자인 신의 명령이기 때문에 무조건 따라야 한다."라고 대답하는 종교인의 그것과 다를 바 없으며, 종교적인 차원에 들어선 이상 그 대답에 대해 더 이상 왈가왈부하는 것 자체가 불가능하다. 종교인에게 "절대자의 명령에 반드시 복종해야 하는가?"라는 보다 심층적인 질문이 무의미한 것처럼 말이다.

이들에게 도덕은 신의 명령과 같은 것이다. 그것은 무조건적으로 따라야 하는 명령이며, 그러한 명령 실현에 장애가 된다면 현실적이고 인간적인 욕망을 포함한 모든 것들은 희생되어야 마땅하다. 그것은 단지 그 사실을 깨닫고 이해한 사람에게만 해당되는 것이 아니며, 그렇지 못한 사람에게는 강압과 폭력을 동원해서라도 그 명령을 이행하도록 해야 한다. 이런 이유로 도덕은 행복과 전혀 무관한 것이 되고 만다.

하지만 맹자에게 인간다움[仁]으로 표현되는 도덕이란 행복과 밀접한 관계를 가지고 있을 뿐 아니라, 결국에 가서는 행복을 극대화하는 유일한 방법이기도 하다. 인간다움이라는 덕목을 실현함으로써 '작은 나[小我]'에 집착하는 소인(小人)의 한계를 넘어서서 '큰 사람[大人]'이 될 수 있기 때문이다. 그리고 큰 사람은 소인보다 더 다양한 원천으로부터 더 큰 행복을 느낄 수 있다. 알 듯 말 듯한 이 내용을 좀 더 쉽게 설명해 보겠다.

독신자들에게는 다양한 어려움이 존재하지만, 그 가운데 가장 커다란 것 중의 하나가 바로 식사와 관련된 것이다. 과거 일본에서 독신자들과 함께 식사하는 분위기를 연출하는 비디오가 인기를 끈 것만 보아도 혼자 식사하는 외로움의 크기를 짐작할 수 있다. 나 역시 각종 국이나 찌개류, 분식류는 물론 탕수육이나 깐풍기, 고추잡채밥, 해물찜 등과 같은 고난도의 요리를 레시피 없이 능수능란하게 할 정도로 요리를 잘하지만, 집사람과 아이들이 없으면 평소에는 전혀 먹지 않는 라면으로

끼니를 때우곤 한다.

음식은 함께 먹어야 맛이 있다. 맛있는 음식을 보면 사랑하는 사람이 생각난다. 사랑하는 아이들과 아내가 맛있게 먹는 것을 보면 내가 맛있게 먹는 것과는 또 다른 차원의 만족감이 느껴진다. 좋은 친구들이 찾아와서 와자지껄 함께 대화를 나누며 음식을 나누어 먹는다면 즐거움은 더욱 커진다.

이는 비단 음식에 국한된 것이 아니다. 하다못해 TV나 영화를 보더라도 가족이나 친구와 함께해야 재미가 배가된다. 멋진 곳을 여행하는 것, 즐거운 놀이나 운동을 즐기는 것 등 우리 삶의 거의 모든 것들이 그러하다. 반대로 혼자 이겨 내야 하는 슬픔은 더욱 큰 법이다. "기쁨은 나누면 배가 되고, 슬픔은 나누면 반이 된다."라는 속담은 인간의 이러한 속성을 가장 잘 보여준다.

결혼을 하게 되면 독신 시절의 자유를 상실할 뿐 아니라 무거운 책임까지 부가되지만, 그럼에도 불구하고 대다수의 사람들이 결혼을 하는 것은 함께함을 통해 기쁨을 배가시키고 슬픔을 나눔으로써 더욱 행복한 삶을 살 수 있기 때문이다. 아이를 낳고 기르는 것 또한 마찬가지다. "코에서 볼링공을 꺼내는 것"이나 "입술을 꽉 잡고 머리 뒤로 뒤집는 것"과 같은 어마어마한 고통에 비견되는 출산의 고통뿐 아니라, 몇 년 동안 쪽잠을 자야 하는 것은 물론, 10여 년 이상의 긴 세월 동안 자기 삶과 정체성을 잃어야 하는 희생을 감수하면서 아이를 낳아 기르고, 또 둘째나 셋째를 낳는 것은 그 아이들과 함께하는 기쁨이 그런 엄청난 고통을 상쇄하고도 남음이 있기 때문이다.

범위를 좀 더 확장시켜서, 자신이 낳은 아이 둘을 기르다가 그 기쁨이 너무 큼을 깨닫고 여덟 명의 아이를 더 입양해서 길러 낸 사람을 생각해 보자. 내가 그렇게 할 수 있을지 혹은 그렇게 할 의향이 있는지와는 별개로, 그 사람이 왜 그런 행동을 했는지 이해하는 것은 어려운 일이 아니다. 봉사에 무관심한 채 그와 담 쌓고 살다가, 우연히 경험한 봉사에서 삶의 의미와 보람, 기쁨을 느껴서 자기 삶에서 봉사의 비중을 점차 늘리다가 봉사 자체를 위해 삶을 살기로 한 사람은 한 단계 범위가 더 넓어진 사례라고 할 수 있을 것이다.

이 두 사례의 주인공들은 자신의 기쁨을 희생하면서 봉사 자체를 위한 봉사를 한 것이 아니다. 타인과의 교감이 자신의 행복을 배가시켜 줄 수 있음을 깨닫게 되면서, 자신의 행복을 더욱 크게 만들기 위해 교감의 범위를 확장시켜 나간 것이다. 교감의 범위가 확장될수록 그들의 행복은 배가되며, 그들과 교감을 맺는 사람들 역시 행복해진다. 맹자가 당시의 제후 중 한 명과 음악에 대해 나눈 대화는 바로 이런 내용을 일깨우기 위한 것이다.

맹자가 어떤 왕이 음악을 좋아한다는 애기를 듣고, "그렇다면 그 나라는 잘 다스려질 가능성이 매우 높다."라고 말한다.

그 애기를 들은 왕은 깜짝 놀라서 "저는 클래식과 같은 우아한 음악을 좋아하는 것이 아니라 대중음악을 좋아할 뿐입니다."라고 말한다.

그러자 맹자는 "클래식이나 대중음악이나 마찬가지입니다."라고 말한 뒤, "혼자 음악을 듣는 것과 다른 사람과 함께 음악을 듣는 것 가운데 어느 쪽이 더 즐겁습니까?"라고 묻는다.

왕은 "다른 사람과 함께 듣는 것이 더 즐겁습니다."라고 대답한다.

이어서 맹자가 "그렇다면 적은 수의 사람과 함께 듣는 것이 더 즐겁습니까, 아니면 많은 수의 사람과 함께 듣는 것이 더 즐겁습니까?"라고 묻자, 왕은 "많은 수의 사람들과 함께 듣는 것이 더 즐겁습니다."라고 대답한다.26)

인간답고 도덕적인 삶이란 공감과 교감의 범위를 확대시켜 나가는 것이다. 모든 사람에게는 타인의 고통에 공감할 수 있는 능력이 천부적으로 주어져 있다. 그것은 식물의 새싹처럼

---

26) 『孟子』, 「梁惠王」, 下, 1.

아주 미미하지만, 인간을 다른 동물과 구분해 주는 특징이며, 인간이 인간답고 도덕적인 삶을 살 수 있는 원천이기도 하다. 그 싹을 섬세하게 배양하여 교감의 능력을 확장시키는 것이야 말로 동물과 구별되는 인간만의 특징을 잘 실현하는 것이다.

이런 관점에서 보면 도덕적 행위란 괴롭게 자신을 희생해야 하는 것이 아니라, 그것을 통해 도덕적 행위자 자신과 행위의 대상 모두가 수혜를 입게 되는 매개이다. 게다가 행위자의 도덕성이 더 확장될 수 있는 시너지 효과가 수반되기도 한다. 그런 경험을 한 사람은 더 큰 도덕성을 발휘하여, 자신은 물론 더 많은 사람이 '기쁨의 배가와 슬픔의 반감'이라는 더 큰 교감의 효용을 누린다. 거기에 또다시 시너지 효과가 수반되고, 도덕적 행위자는 그렇게 점점 큰 사람[大人]이 되어 가는 것이다.

그렇다면 인간다운 삶의 극단은 어떤 모습일까? 맹자에 따르면 이상적 인격을 실현한 사람은 천하를 모두 자신의 집으로 여긴다. "인간다움의 완성[仁]이란 하늘이 내려 준 존귀한 벼슬이고,27) 사람의 편안한 집"28)이며, "천하에서 가장 넓은 집"29)이다. 세상 사람들을 모두 한 가족으로 여겨 그들의 기쁨

---

27) 인간다운 덕이 왜 벼슬과 연결되는지는 뒤에서 다시 설명할 것이다.
28) 『孟子』, 「公孫丑」, 上, 7.

을 함께 기뻐하고 슬픔도 함께 슬퍼하는 사람, 그리고 그런 가운데 개인적인 행복의 극치를 경험하는 삶의 모범을 보이는 사람이야말로 진정한 인격의 완성자이자, 이상적인 지도자이다.

후대에 가면 이러한 맹자의 이상이 종교적으로 변질되는 모습을 보이게 되는데, 그런 가운데에서도 맹자의 정신을 찾아보는 것은 어렵지 않다. 송(宋)나라 때의 대학자인 정명도(程明道)는 인(仁), 즉 인간다움의 완성이란 "천지 만물을 자신과 한 몸으로 여기는 것"이라고 하면서, 우거진 잡초를 보면서도 생명에 대한 의지를 공감할 수 있다고 했으며, 양명학의 창시자인 왕양명(王陽明)은 기왓장이 깨어지는 것조차 마음 아파했다고 한다.

맹자가 꿈꾸었던 이상사회는 이렇게 천하 사람들뿐 아니라 천지 만물과 공감할 수 있는 지도자에 의해 인도되어, 모두가 한 가족처럼 행복을 누릴 수 있는 대동(大同)사회이다. 그는 도덕과 정치, 도덕과 행복은 일치될 수 있으며, 더 나아가 일치되어야만 한다고 생각했던 것이다.

---

29) 『孟子』, 「藤文公」, 下, 2 및 「盡心」, 上, 36.

3. 덕치를 통해 천하의 왕이 될 수 있다

　맹자의 이론에서 최고 지도자의 자질을 갖춘 사람은 인간다움[仁]이라는 덕목을 완성한 큰 사람[大人]이다. 그런 사람이 지도자가 되는 것은 참으로 이상적인 일이지만, 현실적으로 그런 일이 실현되기란 극도로 힘들다. 따라서 맹자가 선택한 길은 현재 권력을 잡고 있는 제후들에게 인간다움을 실현하는 정치[仁政]를 하도록 설득하는 것이었다. 그렇게 하면 천하를 통일하여 왕이 될 수 있다는 것이다.

　여기에서 잠시 당시의 시대 상황을 간략하게나마 이해하고 넘어가는 것이 좋겠다. 맹자가 활동하던 전국시대에는 7개의 제후국이 패권을 다투고 있었다. 춘추시대 초기에 제후국의 숫자가 거의 천 개에 육박했던 것을 감안하면, 대륙의 형세가 정리되는 과정이 얼마나 치열했는지를 쉽게 짐작할 수 있다.

춘추시대 초기에만 해도 제후국 간의 전쟁은 주로 명분 싸움이었으며, 전쟁 또한 의식적인 측면이 강했다. 패자가 승자에게 복종을 약속하면, 승자는 패자의 국토와 지위를 유지시켜 준 채 돌아갔던 것이다. 그러다가 작은 나라들부터 큰 나라에 하나둘 통합이 되기 시작하면서 전쟁의 양상 또한 크게 변하게 된다. 먹느냐 먹히느냐의 목숨을 건 싸움이 되면서, 싸움은 더욱 치열해지고 살육전은 격화되게 된다. 이런 과정을 거쳐 춘추시대 중기에는 수십 개의 제후국만이 남게 되고, 전국시대가 되면서 단 7개의 국가만이 생존하게 된 것이다.

무수히 많은 제후국들이 정리되고, 단 7개의 강대국만이 살아남아 천하의 정세가 어느 정도 정리가 되었지만, 그들 간의 크고 작은 전쟁은 끊이지 않았다. 힘의 균형이 무너지면 어느 나라든 다른 나라에게 국토를 빼앗기거나 심한 경우에는 통합될 수도 있었다. 이런 상황에서 제후들이 동경했던 롤모델은 강력한 군사력을 바탕으로 다른 제후들을 호령했던 제환공이나 진문공과 같은 패자(覇者)였으며, 제후들에게 유세(遊說)하던 제자백가들 중에 가장 환영받는 이들 역시 부국강병(富國強兵)의 방법을 논하는 자들이었다.

당시의 이러한 현실을 고려할 때 제후들의 눈에 맹자의 주장은 참으로 터무니없는 것이었다. 맹자는 인간다움을 정치에 적용하여 덕을 베푼다면 무력을 사용하는 것보다 더욱 효과적이며, 궁극적으로는 천하를 통일하여 왕의 자리에 오를 수 있다고 말한다. "인간다움이라는 덕목을 완성한 사람에게는 적수가 없기[仁者無敵]"[30] 때문이라는 것이다. 언제나 정치한 논변을 전개해 온 맹자가 이런 주장을 할 수 있었던 근거는 무엇일까? 맹자 자신의 말을 통해 살펴보기 전에 먼저 일반적인 차원에서 덕의 의미에 대해 살펴보고 넘어갈 필요가 있다.

1) 덕은 무엇이며, 어떻게 생기는가?

덕이라는 말이 정확히 무엇을 의미하며 그것은 어떻게 생겨나는지 살펴보기 전에, 몇 가지 역사적 일화를 살펴보는 것이 큰 도움이 될 것이다.

[사례 1] 오기라는 장군이 있었다(그는 후에 『손자병법』과 맞먹는 『오자병법』이라는 책을 지은 뛰어난 전략가이다). 그는

---

30) 『孟子』, 「梁惠王」, 上, 5.

출세를 위해 자기 부인을 죽일 정도로 잔인한 인물이었지만, 전투에 임하면 진정으로 뛰어난 지휘관으로 돌변하였다. 그는 부하들과 더불어 먹고 잤으며, 행군도 함께하였다. 부하들은 오기를 진심으로 존경하였다. 그러던 중 한 병사의 다리에 종기가 난 것을 발견한 오기는 놀랍게도 그 병사의 다리에 난 종기에 입을 대고 고름을 스스로 빨아내었다. 그런데 그 소식을 들은 그 병사의 어머니는 대성통곡을 하면서 아들의 죽음을 예언하였다고 한다. 예언대로 아들은 전쟁에서 오기를 위해 목숨 바쳐 싸우다가 죽고 만다.

[사례 2] 남방의 강국인 초나라 장왕이 전투에 승리하여, 문무백관을 초대해 성대한 연회를 베풀었다. 모두가 왁자지껄하며 즐겁게 노닐던 중 갑자기 불이 꺼졌다. 그때 왕의 애첩이 비명을 지르고 나서 말했다. "폐하, 누군가가 제 몸을 더듬으며 희롱했습니다. 하지만 제가 그 사람의 갓끈을 잡아 뜯었으니, 불을 켜고 갓끈이 없는 사람을 찾는다면 누가 그런 불경한 짓을 했는지 밝힐 수 있을 것입니다."

하지만 왕의 반응은 의외였다. "불을 켜지 마라. 이 자리는 임금과 신하가 격의 없이 즐기는 곳이다. 모두 갓끈을 떼고 즐기도록 하라."라고 말한 것이다. 애첩을 희롱한 신하는 왕의 관대한 조치로 목숨을 구하게 되었다.

몇 년 후, 서방의 강대국인 진(秦)나라와의 전쟁에서 초나라가 대패하여 장왕은 목숨을 잃을 위기에 처하게 되었다. 그때 장웅이라는 장수가 죽기를 무릅쓰고 싸워 장왕을 구했을 뿐 아니라 전세를 역전시키는 계기를 마련하였다. 이 전투의 승리로 초나라는 명실상부한 패자(覇者)의 지위를 차지하게 되었다. 전투가 끝난 후 장왕은 장웅을 불러 물었다. "내가 평소에 그대를 특별히 우대하지도 않았는데 어찌 나를 위해 목숨을 걸고 싸웠는가?" 그러자 장웅은 말하였다. "저는 이미 3년 전에 죽은 목숨입니다. 연회에서 갓끈을 뜯긴 사람이 저였습니다. 그때 폐하의 온정으로 살아났으니, 목숨을 바쳐 그에 보답한 것은 당연한 것입니다."

첫 번째 사례에서는 오기가 종기가 난 병사에게, 그리고 두 번째 사례에서는 초장왕이 장웅에게 일반적으로 예상되는 것 이상의 호의를 베풀었다. 평소에 망나니나 다름없던 오기31)가

---

31) 오기는 젊은 시절 싸움박질만 하던 양아치였다. 입신양명을 위해 공자의 제자인 증자의 문하에서 두각을 나타내며 공부했지만, 어머니의 상에도 무관심하여 파면을 당하였다. 앞서 언급한 적이 있지만, 노나라와 제나라의 전쟁 당시 노나라 수뇌부의 의심을 사지 않고 군권을 쥐기 위해 제나라 출신의 부인을 죽이기도 했다.

그런 행동을 한 것은 분명 부하 병사들에게 인기를 얻기 위한 술책이었음이 분명한 반면, 초장왕은 그런 의도와는 무관해 보이는 차이가 있기는 하지만 말이다.

특정한 목적을 가지고 위선적으로 그런 행동을 했든, 그 행동이 자기만족을 위한 것이든, 아니면 그가 원래 선한 사람이기 때문이든 간에, 두 사례 모두에서처럼 한 사람이 다른 사람에게 베푼 호의는 둘의 인간관계에 영향을 미치고 변화를 가져오게 된다. 이러한 메커니즘은 전통사회로 갈수록 더욱 확실하게 나타난다.

현대에 이르기까지 그 흔적을 쉽게 찾아볼 수 있는 사례가 바로 결혼 축의금이나 조의금과 관련된 관행이다.[32] 자녀의 혼사나 부모의 상례를 치르기 위해서는 경제적으로뿐 아니라 다방면에서 도움이 필요하다. 이 경우 주변 사람들은 축의금이나 조의금을 내거나 혹은 다른 방식으로 도움을 줌으로써 그 사람을 축하하거나 위로한다.

그러나 그것은 공짜가 아니다. 내 자녀를 결혼시킬 때 축의금을 내거나 부모의 상례를 치를 때 조의금을 낸 사람에게는 심리적인 빚을 지게 된다. 그 사람의 자녀가 결혼을 하게 되거

---

32) 이 부분은 졸저 『포르노를 허하라』(철학과현실사, 2011), 2장의 내용 가운데 관련 부분을 일부 발췌 및 수정하여 사용하였다.

나 그 사람의 부모가 돌아가시게 되면, 나 역시 축의금이나 조의금을 냄으로써 심리적인 빚을 갚아야 한다. 그냥 받기만 하고 입을 씻었다가는 파렴치한으로 낙인찍혀 버릴 것이기 때문이다.

전통사회로 내려갈수록 이는 더욱더 큰 문제이다. 전통사회일수록 공동체의 규모는 작아지기 마련이며, 소규모 공동체에서 파렴치한 사람으로 낙인찍힌 채 살아간다는 것은 매우 힘든 일이기 때문이다. 파렴치한은 공동체의 구성원들에게 '왕따'를 당한 채 외로운 삶을 살아야 했으며, 때로는 공동체로부터 퇴출되기도 했다. 극단적인 경우 이는 죽음을 의미하는 것이었다. 구시대에는 벼슬을 받아 새 임지에 부임하는 경우나 혼인을 통한 경우를 제외하면 공동체에서 이탈하는 일은 역병이나 범죄 등 부정적인 원인 때문이었으므로, 정당한 사유 없이 타 공동체에 편입되는 것은 좀처럼 쉽지 않았기 때문이다.

호의에 대해 적정한 보답이 이루어져야 한다는 것은 시대와 지역을 막론하고 모든 문화권에서 공통적으로 통용되는 규범이었다. 흥미로운 것은 보답이 이루어지는 방식이다. 주고받음이란 언제나 균형을 이루어야 하며, 그것이 어려운 경우에는 가능한 다른 방법이 동원되어야 했다.

다시 축의금이나 조의금을 예로 들어 보자. 한쪽이 경제적으로 어려움을 겪고 있는 상황이 아니라면, 축의금이나 조의금은 대체로 정확히 받은 만큼 내게 된다. 예를 들어, 선열이 결혼식에 동욱이 어머니가 축의금 30만 원을 냈다고 하자. 선열이가 외아들이고 동욱이는 3남매라면 선열이 어머니는 동욱이의 결혼 때 10만 원을 내게 된다. 그래야 서로에게 부담이 없어지는 것이다.

만약 선열이 어머니가 30만 원을 낸다면? 선열이 어머니의 경우는 호의를 베풀었다는 만족감을 느끼겠지만, 동욱이 어머니는 마음의 빚을 지게 된다. 파렴치한이 되지 않기 위해서는 기회를 보아 선열이네 집안에 어떤 식으로든 동일한 호의를 베풀어야 한다. 경제적인 어려움으로 인해 동일한 금전적인 보답을 할 수 없다면 대소사가 있을 때마다 달려가서 몸으로 때우기라도 해야 한다.

최근 문제가 되고 있는 '체험관'도 이러한 메커니즘을 잘 보여준다. 의료기기를 무료로 체험해 볼 수 있는 그곳에 어르신들이 오면, 젊은 친구들이 "어머님!", "아버님!" 하면서 살갑게 대해 준다. 그뿐만 아니라 재미있는 공연도 보여주고, 매일 선물까지 준다. 어르신들은 "우리 자식들도 저렇게는 안 해주는데…"라며 고마움을 감추지 못한다.

이런 식의 환대와 꽤 고가에 이르는 선물이 이어지면서, 어르신들 마음속의 빚은 커져만 간다. 현대보다는 전통사회의 사고방식을 소유한 그분들은 "나도 뭔가 해줄 수 있으면 좋으련만."이라는 생각을 마음속 깊이 가지게 된다. 그러다가 자식보다 자신에게 더 잘해 주던 젊은이가 "어머니, 아버지, 제가 승진을 해야 하는데, 이번 달 실적이 부족해서 힘들게 되었어요. 이 의료기 열 대만 팔면 되는데…. 이 의료기는 어르신들의 현재 건강뿐 아니라 자제분들의 성인병 예방에도 탁월해요. 사람들이 몰라서 그렇지, 알면 안 살 수가 없어요."라고 하소연과 광고를 섞어서 하면, 거의 모든 어르신들이 쌈짓돈을 털어 수백만 원짜리 기계를 사는 것은 물론이고, 자녀들 생각한다고 몇 대씩 사기도 한다.

TV의 인터뷰를 보면, 몇몇 어르신들은 그런 사기 행각을 당하고도 억울해하거나 분해하지도 않는다. "아휴, 요즘 세상에 어떤 젊은이들이 우리 같은 사람들에게 그렇게 해줘? 내가 그 사람을 위해서라면 이삼천만 원 써도 아깝지가 않아."라고 말하기까지 하는 것이다. 마음의 빚이 그 정도 크기로 쌓여 있었기 때문이다.

자, 이제 다시 오기와 초장왕의 이야기로 돌아가 보자. 사령관이 친히 입으로 종기를 빨아 준 엄청난 은혜를 입은 병사는 어떤 식으로든 그에 보답해야 한다. 그는 특별히 가진 것이 없었기 때문에 그가 상식을 넘어서는 엄청난 은혜에 보답하는 방법은 자기 한 몸을 바치는 수밖에 없다. 그 병사의 어머니는 이런 상황을 예감했기 때문에 먼저 눈물을 흘린 것이다.

장웅 역시 마찬가지다. 왕의 애첩을 희롱한 자신은 죽임을 당해 마땅하다. 하지만 왕은 대범하고 관대하게 자신의 패륜적인 행동에 눈감아 목숨을 살려 주는 은혜를 베풀었다. 그가 왕에게 보답할 수 있는 방법은 필요할 때 목숨 바쳐 보답하는 한 가지뿐이었던 것이다.

2) 권위와 덕

덕이란 무엇이며, 어떤 과정을 통해 생겨나는지 설명한 앞의 글에서 덕이 어떤 효과를 가져오는지 이미 상당 부분 설명이 되었을 터이지만, 좀 더 정확하게 마무리를 하고 지나갈 필요가 있다. 그래야 맹자가 말하는 "인자무적(仁者無敵)"이라는 말의 의미를 보다 확실하게 이해할 수 있을 것이기 때문이다.

덕이란 타인에게 호의를 베풂으로써 타인의 마음을 얻는 것을 의미한다. 옛날 학자들은 '덕(德)'을 '득(得)'으로 풀이하기도 했다. 다른 사람의 마음을 얻는다는 것이다. 덕이라는 글자 자체가 이러한 의미를 잘 보여준다. 덕(德)은 '얻다'라는 의미의 '득(得)'과 '마음'을 의미하는 '심(心)'이 합쳐진 글자인 것이다. 영미권에서는 덕을 'power'라고 번역하는 경우가 종종 있는데, 이 역시 다른 사람에게 영향력을 획득한다는 의미에서일 것이다.

타인에게 호의를 베풀거나 도덕적 행위를 하면, 그 사람뿐 아니라 그 사건을 목격하거나 전해 들은 사람들에게 인정을 받게 된다. 그 행위의 수혜자는 당연히 그 사람에게 도움이 필요할 때 자신이 할 수 있는 무언가를 함으로써 그에게 보답하려 할 것이고, 정도는 조금 다르겠지만 그를 인정하는 다른 사람들도 유사한 태도를 보일 것이다.

이제 유덕한 사람은 다른 사람들의 심리적 지지와 복종을 유도하기에, 따라서 지도자의 위치에 오르기에 매우 좋은 위치에 있다는 사실을 이해하는 데 어려움이 없을 것이다. 유덕함이 사회적 차원으로 확장되어 특정한 지위와 연결되면 '권위'를 창출해 내는 경향이 있다. 지도자의 필수 덕목을 저절로 갖추게 되는 것이다.

사회의 지도적 위치에 서기를 원하는 사람은 누구나 권위를 가지고자 한다. 대통령부터 시작해서, 학자, 의사, 판검사, 사장, 임원, 교사 등 다른 사람들을 인도해야 하고 또 그렇게 하고자 하는 사람들은 예외 없이 그러하다. 또한 리더십이 잘 작동하지 않으면 그 원인을 권위의 부재나 추락에서 찾곤 한다. 국정 운영이 잘 안 되는 이유는 대통령의 권위가 실추해서이며, 공교육이 표류하는 것은 교사의 권위가 땅에 떨어졌기 때문이다. 이렇게 특정 사회가 올바로 작동하지 않는 문제의 원인을 권위 상실에서 찾을 경우, 문제의 해결책은 당연히 권위의 회복이 될 것이다. 그리고 권위 회복을 위해서 다양한 방안을 내놓는다.

흔히 볼 수 있는 대표적인 방안은 엄숙한 분위기를 조장하는 것이다. 과거 왕정 시대에 왕에게는 반드시 계단 아래에서 엎드려 절을 하고, 고개를 들고 이야기를 해서는 안 되며, 물러갈 때에는 반드시 뒷걸음을 쳐야 했다. 왕은 언제나 높은 곳에서 내려다보며 신하들의 말을 듣곤 했다. 왕 스스로도 다양한 장식을 한다. 곤룡포(袞龍袍)라 부르는, 보기에도 무겁고 불편해 보이는 거창한 옷을 입고, 왕관을 쓴다. 신발이나 허리띠와 같은 부수적인 것들도 물론 어마어마해 보인다. 사실 나 같은 사람은 그런 모습을 보면 언제나 "왜 저러고 사나?"라는 생각이 든다. 얼마나 불편했을까?

왕과 관련해서는 별도의 언어가 마련되어 있다. 일상적인 표현을 썼다가는 '불경죄'로 목숨을 잃을 수도 있다. 그의 얼굴을 '얼굴'이라 하면 큰일 날 일이다. 반드시 '용안(龍顔)'이라

불러야 한다(얼굴이 용과 같다는 것은 괴물처럼 생겼다는 말이고, 자랑이 아닐 텐데 말이다). 왕의 목소리는 '옥음(玉音)', 왕이 먹는 밥은 '수라', 왕의 옷은 '어의'라 부른다. '용화(龍華)'라 하여 왕의 변까지도 거창하게 불렀으니 말 다한 셈이다. 왕을 '그대', '당신' 따위로 부를 수 없었음은 물론이다. '폐하'라 불러야 한다. 거창하게 꾸며서 스스로 불편했을 뿐만 아니라 주변 사람들까지 불편하게 한 것이다.

이런 모습이 비단 오랜 옛날의 일만은 아니며, 현대사회에서도 너무나 많은 곳에서 찾아볼 수 있다. 법률 용어는 도대체 한국말인지조차 알 수 없을 정도로 난해하고, 교회에서도 쉬운 말로 읽을 수 있는 성경 대신 목사조차도 연원을 잘 모르는 옛날 번역체 성경을 사용한다. 고위 공직자나 대기업 임원들은 대형 승용차를 타고 거들먹거리며, 더운 여름에도 긴 팔 와이셔츠에 넥타이까지 매고, 정장을 갖추어 입어야 한다고 생각한다. 하지만 과연 이런 식으로 원하는 목표를 달성하여 권위 있는 사람이 될 수 있을까?

외관상으로 드러나는 모습을 보면 일견 "그렇다."라고 대답해야 할 듯하다. 그런 불편을 감수하고 폼 잡은 사람들 앞에서 다른 사람들은 함부로 행동하지 못하고 어려워하기 때문이다. 그러나 그것이 그들이 얻고자 했던 진정한 권위인지 따져 본다면 전혀 예상하지 못했던 결론이 도출될 것이다.

일상어에서 '권위'라는 말은 이중적인 의미로 사용된다. '권위주의적 대통령', '권위적인 답변' 등과 같은 사례에서는 분명 그 말이 부정적으로 사용되고 있다. 반면, '권위 있는 학자', '권위 있는 의사', '권위 있는 교사' 등과 같은 경우에는 긍정적인 의미로 사용되고 있다. 도대체 동일한 말이 두 가지 의미를 동시에 가지고 있는 이유는 무엇일까? 두 가지는 어떤 공통점을 가지고 있기에 동일한 표현을 사용하는 것일까?

위에서 제시한 사례들을 잘 살펴보면, 그것이 긍정적이든 부정적이든 간에 '권위'라는 말은 '복종'이라는 의미를 수반함을 알 수 있다. 왕이 굉장히 튀는 복장과 언행을 하는 것도, 대형 승용차를 타는 것도, 위협적인 공포 분위기를 조성하거나 폭행을 가하는 것도 모두 상대방의 복종을 얻어 내기 위한 목적을 가지고 있다. 하지만 이러한 부정적 권위 유발 행위를 통해 상대방이 복종할지는 몰라도, 그것은 힘이 부족해서 그런 것일 뿐 진정한 복종은 아니다. 어쩌면 표면적인 복종 뒤에서 조소와 욕설을 뱉어 낼지도 모른다.

반면 긍정적인 권위는 당연히 자발적인 복종을 수반한다. 몸이 아프면 권위 있는 의사를 찾고자 하고, 권위 있는 학자의 가르침을 받고자 하며, 권위 있는 기술자나 예술가가 만든 제품을 사고자 한다. 그것은 누가 억지로 시켜서 그러한 것이 아니다. 자발적으로 그 사람을 찾고 따르고자 하는 것이다. 그야말로 마음으로 복종하는 '심복(心腹)'인 것이다.

독특한 취향을 가진 극소수를 제외하면, 누구나 긍정적인 권위를 가지고자 할 것이다. 그리고 여태까지 사례로 들었던 방법으로는 그러한 목적을 달성할 수 없음이 분명하다. 이제 긍정적 권위란 "특정한 분야에서 타인으로 하여금 자발적으로 따르고픈 마음이 들게 하는 힘"임을 알았으므로, 권위자가 되고자 한다면 긍정적 권위가 어떤 과정을 통해 형성되는지 올바로 이해해야 할 것이다.

이제 앞 절에서 거론했던 오기와 초장왕의 사례로 되돌아가 보자. 그들은 상대방을 유덕하게 대해 주었다. 상대방은 그들의 조치에 감동하여 그에게 진심으로 복종하고 목숨까지 바치고자 한다. 덕의 경우에서와 마찬가지로 이런 태도는 수혜자 한 사람에게 국한되는 것이 아니다. 그 사건을 목격하거나 전해 들은 사람도 유사한 태도를 가지게 되는 것이다.

이렇게 주변 사람들에게 마음으로부터의 복종을 이끌어 내는 진정한 권위의 획득 여부는 특정 지위에 대한 사회적 기대와 그 지위에 있는 사람이 행한 수행 간의 함수관계에 의해 결정된다. 오기의 경우, 사람들이 일반적으로 예상하고 기대하는 장수의 역할과 행동이 있다. 오기는 그러한 기본적 역할을 충실히 수행했을 뿐 아니라, 일반 사람들의 예상을 훨씬 뛰어넘는 유덕한 행동으로 역할 수행을 더욱 효과적으로 만들었다. 초장왕의 경우 또한 마찬가지다.

특정 분야의 학자가 학문적으로 기대 이상의 성과를 보여주면 권위 있는 학자가 될 것이고, 교사로서의 기본적인 업무 수행 능력에서뿐 아니라 인성이나 특기 활동 지도 등 다른 여러 분야에서 특출함을 보인다면 권위 있는 교사가 될 것이다. 모든 지위에 있는 사람에게 사회 구성원들은 암묵적으로 어느 정도의 능력 발휘를 기대하는데, 그것을 뛰어넘게 되면 그 분야의 권위자가 되며, 그 정도에 따라 권위 역시 달라지는 것이다.

이제 유학자들이 덕으로 통치를 해야 한다고 주장하는 근거를 어느 정도 이해할 수 있게 되었을 것이다. 공자가 공포정치를 통해 사회질서를 유지하려는 지도자에게 "군자의 덕은 바람과 같고, 소인의 덕은 풀과 같다."라고 말하면서 지도자 스스로가 모범을 보이면 사회질서는 저절로 유지될 것이라고 충고[33]했던 것은, "덕으로 정치를 한다면 그 효과는 뭇 별들이 북극성을 향해 모이는"[34] 것처럼, 덕을 매개로 얻어진 권위에

---

33) 『論語』, 「顔淵」, 19.
34) 『論語』, 「爲政」, 1.

대한 백성들의 자발적 복종을 전제했기 때문이다.

3) 인자무적(仁者無敵)

자, 이제 덕과 권위에 대한 이해가 선행되었으므로, 맹자의 주장을 이해하는 데에는 커다란 어려움이 없을 것이다. 맹자는 "보잘것없는 작은 영토를 가지고 있더라도 인간다운 정치를 시행하면 천하를 통일할 수 있다."라고 말한다.[35] 인간다운 정치를 시행하면 천하의 모든 백성들이 그를 부모처럼 여겨 그의 백성이 되고자 할 것이기 때문이다.[36]

당시의 모든 제후국들은 예외 없이 강압적인 공포정치를 시행하고 있었다. 죄인에 대해서는 그 죄가 크건 작건 엄한 형벌로 일관하였다. 발뒤꿈치를 자르는 형벌인 월형(刖刑)이 남발되어 그 형벌을 받은 사람들에게 맞는 신발이 제작, 판매되었다는 기록이 있을 정도였다.

왕과 고위 관료 및 귀족들의 사치스러운 생활과 군비 증강을 위해 농사짓는 사람이나 시장 상인은 물론 국경의 관문을 지나는 사람에게까지 무거운 세금을 물려 백성들의 생활은 도

---

35) 『孟子』, 「梁惠王」, 上, 5.
36) 『孟子』, 「公孫丑」, 上, 5.

탄에 빠져 있었으며, 설상가상으로 전쟁마저 계속되었으니 백성들의 삶이 얼마나 참혹한 상황이었는지는 미루어 짐작하고도 남을 일이다.

당시의 제후들은 물론 그런 공포정치의 효과를 신봉하고 있었다. 백성들이 두려움에 떨면서 복종하고 있었기 때문이다. 하지만 맹자에 따르면 그것은 "진정으로 마음에서 우러나와 하는 복종[心腹]이 아니라, 단지 힘이 부족하기 때문에 일시적으로 복종하는 척하는 것일 뿐이다."[37] 상황이 바뀌면 언제라도 태도가 돌변할 수 있다. 이는 앞서 설명한 것처럼 진정한 권위가 아니라 부정적인 의미의 권위에 불과하다.

상대방으로 하여금 기쁜 마음을 가지고 진정으로 복종하도록 하는 방법은 덕을 통해 권위를 세우는 것밖에 없다. 제갈공명은 남방을 정벌할 때 그 지역의 우두머리인 맹획을 사로잡았지만, "그대가 힘이 부족해서 진 것은 아니니, 다시 겨루어 봅시다."라고 말하면서 놓아 주기를 일곱 번이나 반복하였다. 일곱 번이나 예상 밖의 대접을 받았지만, 결국 사로잡히고 만 맹획은 진심으로 공명을 존경하면서 복종을 맹세하였다. 공명이 그렇게 한 것은 남방 지역을 직접 다스릴 수 없기 때문에

---

37) 『孟子』, 「公孫丑」, 上, 3.

상황이 변하더라도 마음이 바뀌지 않을 수 있는 조치를 취하고자 함이었다. 그는 덕을 베풂으로써 진정한 권위가 설 수 있음을 알고 있었던 것이다.

맹자는 제후들에게도 유사한 정책을 쓸 것을 권유한다. 가장 중요한 것은 백성들의 실생활과 직결되는 세금을 줄이는 것이다. 세금의 상한선을 10퍼센트로 하고, 불필요한 곳에 부과되는 세금은 과감히 없애야 한다. 그 다음으로는 가혹한 형벌을 완화시켜야 하며, 불가피하게 백성들을 동원하여 전투를 하거나 노역을 시키더라도 농번기만은 피하도록 해야 한다.38)

다른 제후들의 학정과는 구분될 뿐 아니라, 백성들의 상식적인 기대를 훨씬 뛰어넘는 이런 인간다움을 실현한 정치를 펼친다면, 그 나라의 백성들 사이에서는 지도자의 모범적인 사례를 따라 서로 보살피고 배려하는 풍토가 넘쳐날 것이며, 다른 나라의 백성들은 그 나라에 가서 그 지도자의 국민이 되고자 할 것이다.

이웃 나라의 백성들이 그 지도자를 마치 부모처럼 떠받드는 상황에서 전쟁이 벌어진다면, 그 이웃 나라의 백성들은 오히려 유덕한 정치를 펼친 지도자의 편에 서고자 할 것이다. 부모를

---

38) 『孟子』, 「梁惠王」, 上, 5와 「公孫丑」, 上, 5를 보라.

공격하라는 명령을 따르지는 않을 것이기 때문이다.39)

이제 맹자는 제후들에게 이렇게 말하고 있다. "모든 제후들이 학정을 펼치는 상황에서 당신이 백성들에게 인자한 정책을 실행한다면, 불가피하게 전쟁을 하더라도 당신은 반드시 이길 것이며, 전쟁이 일어나지 않더라도 천하의 민심이 당신에게로 기울어 모든 나라들이 서서히 복종하고 합병되게 될 것입니다. 이것이야말로 인간다움을 실현한 지도자의 유덕한 정치가 불러오는 진정한 권위인 것입니다."

실제로 맹자의 충고를 받아들인 제후는 없었기 때문에, 맹자의 이론이 실제 현실에서 반드시 실현될 것이라고 말할 수는 없을지도 모른다. 하지만 역사 속에서 비교적 맹자의 주장에 가까운 정치를 펼친 지도자들에게 백성들이 보여준 신뢰와 복종은 그 가능성을 짐작할 수 있게 해주며, 모든 지도자들에게 진정한 권위의 길을 보여준다고 말하기에 충분할 것이다.

4) 만민평등사상과 역성혁명론(易姓革命論)

그렇다면 당시의 일반적인 상황처럼 올바른 지도자의 자질

---

39) 『孟子』, 「公孫丑」, 上, 5.

을 가지지 못한 사람이 권력을 쥐고 백성들을 억압한다면 어떻게 해야 하는가? 이에 대한 맹자의 대답은 매우 간단하고 단호하다. "그를 죽여야 한다."라는 것이다. 이것이 바로 그 유명한 맹자의 "역성혁명론", 즉 "왕을 바꿔 치우는 혁명에 대한 이론"이다. 맹자와 제선의 대화를 직접 들어 보자.

제선왕 : 상(商)나라의 건립자인 탕(湯)임금은 하(夏)나라의 마지막 임금인 폭군 걸(桀)을 내쫓았고, 주나라의 무왕(武王)은 상나라의 마지막 임금인 폭군 주(紂)를 정벌했다고 하는데, 정말로 그런 일이 있었습니까?
맹자 : 그런 일이 있었다고 전해 옵니다.
제선왕 : 신하가 임금을 시해해도 되는 것입니까?
맹자 : 인자하고 올바른 정치를 어지럽히는 자들을 각각 잔적(殘賊)이라고 부릅니다. 그런 사람들을 '보잘것없는 놈'이라고 부릅니다. 보잘것없는 놈인 주(紂)를 주살했다는 말은 들었습니다만, 그 임금을 죽였다는 말은 듣지 못했습니다.[40]

맹자에 따르면 "백성이야말로 가장 존귀한 존재이고, 토지와 농사를 관장하는 사직(社稷)의 신이 그 다음이며, 임금은 가장

---

40) 『孟子』, 「梁惠王」, 下, 8.

보잘것없는 존재이다. 그렇기 때문에 대부가 되기 위해서는 제후의 마음에 들어야 하고, 제후가 되기 위해서는 천자의 마음에 들어야 하지만, 천자가 되기 위해서는 민심을 얻어야 한다. 제후가 사직을 위태롭게 하면 제후를 바꾸어 버리고, 때에 맞게 의식을 갖추어 사직의 신에게 제사를 드렸는데도 가뭄이나 홍수가 들면 사직을 바꾸어 버린다."41)

　당나라를 대표하는 문장가이자 당송팔대가의 한 사람인 유종원은 이런 맹자의 생각을 부연하여 "관리란 백성을 부리는 자가 아니라, 백성의 일꾼이다. 백성들은 소득의 10퍼센트를 내어 관리를 고용함으로써 치안을 담당하게 한 것이다. … 관리란 보수를 받고 일하는 고용인과 다를 바 없다. 고용인이 고용주가 시킨 일은 태만히 하고 도리어 그의 재물을 훔친다면 고용주는 크게 노하여 그를 내쫓고 벌을 줄 것이다. 백성과 관리의 관계도 이와 다를 바 없다."라고 말한다.

　임금은 물론이거니와 국가 조직과 사직마저도 백성을 위해 존재하며, 그 본연의 기능을 올바로 하지 못할 경우에는 사직마저도 바꿀 수 있으니, 자격 없는 임금을 내쫓는 것은 당연하다는 이러한 주장은 진보를 넘어 참으로 획기적이고 혁명적인

---

41) 『孟子』, 「盡心」, 下, 14.

주장이라 하지 않을 수 없다. 얼마 전 방영되었던 『육룡이 나르샤』라는 TV 드라마에서 볼 수 있는 것처럼, 일부 왕조에서 맹자를 위험인물로 간주하여 그의 언행을 기록한 『맹자』라는 책을 금서로 정하기도 했던 데에는 이러한 까닭이 있는 것이다.

이러한 역성혁명론의 이론적 근거는 만민평등사상이다. 앞서 언급했던 순자나 주희, 플라톤과 같은 비관론자들은 천부적인 인간의 능력은 차이가 있을 수밖에 없으며, 우수한 자질을 타고난 자가 그렇지 못한 자들을 인도하고 지배해야 한다고 말한다. 그들이 이해하지 못할 경우에는 강제적인 방법을 동원해서라도 말이다.

하지만 맹자의 성선설에서 그런 간극은 존재하지 않는다. 모든 사람은 감각적 욕구와 더불어 미세한 인간만의 특징을 가지고 태어난다는 점에서 동일하다. 누가 누구보다 더 나은 자질을 가지고 태어나는 일은 없다. 모든 차이는 후천적인 환경과 개인적인 노력의 격차에 따른 것일 뿐이다. 지금은 많이 부족한 사람이라도, 오늘부터 당장 정신을 차리고 인간답게 살고자 노력하면 누구라도 최고의 인격자가 되어 훌륭한 지도자의 자리에 오를 만한 자질을 갖출 수 있게 된다.

이런 상황에서 국가 조직이나 관료의 존재 의미는 유종원이 말한 대로 국민의 이익과 편의를 위한 도구적인 것일 수밖에 없다. "민심은 곧 천심"이라는 말 또한 맹자에게서 유래한 것임을 알게 된다면, 그의 평등주의 사상이 완벽한 민주주의적 요소를 갖추고 있음을 이해할 수 있게 된다.

맹자는 당시 존재했던 '하늘의 명령[天命]'이라는 종교적 뉘앙스를 강하게 가진 단어마저 민본 사상에 기초해서 설명하고 있다. 원래 이 말은 왕조의 교체를 단행한 집단이 자신들의 혁명을 정당화하기 위해 고안해 내고 사용한 말이다. 앞서 제선왕과의 대화에도 등장했던 상나라와 주나라의 건립자들은 자신들이 이전 왕조를 무너뜨리고 그 왕들을 죽인 데 대한 정당화 장치가 필요했는데, 그것을 하늘의 명령에서 찾았던 것이다.

이러한 이데올로기는 한편으로는 왕조 교체와 혁명을 정당화해 주기도 했지만, 다른 한편으로는 권력자들을 경계하는 장치의 역할을 하기도 했다. 어떤 왕이라도 하늘의 명령, 즉 천명에 의한 인정이 취소된다면 왕위를 잃을 수 있을 것이기 때문이었다. 문제는 다분히 종교적이고 형이상학적인 의미의 천명을 어떻게 밝혀 낼 것인가 하는 것이었다. 이 문제를 해결하지 못한다면 천명이라는 개념은 긍정적 기능을 상실한 채, 성공한 쿠데타를 정당화해 주는 기능만을 할 뿐이기 때문이었다.

맹자는 종교적이고 형이상학적인 의미를 완전히 탈각시키고, 민본적이고 민주주의적인 차원에서 이 말을 새롭게 해석함으로써, 자신의 역성혁명론을 더욱 강화시킨다. 달리 설명이 필요 없는 이 내용은 제자인 만장의 질문에 맹자가 대답하는 형식으로 이루어진다.

만장 : 요임금이 순임금에게 천하를 주었다고 하는데, 그런 일이 있었습니까?

맹자 : 아니다. 천자라고 해서 천하를 다른 사람에게 넘겨 줄 수는 없다.

만장 : 그렇다면 순임금이 천자가 된 것은 누가 주어서 그렇게 된 것입니까?

맹자 : 하늘이 준 것이다.

만장 : 하늘이 주었다고 하시는데, 분명하게 명령하였다는 것입니까?

맹자 : 아니다. 하늘은 말을 하지 않고, 행동과 사건으로 보여 줄 뿐이다.

만장 : 행동과 사건으로 보여준다는 말은 무슨 뜻입니까?

맹자 : 천자는 하늘에 사람을 천거할 수는 있어도, 하늘로 하여금 그에게 천하를 주게 할 수는 없다. 제후는 천자에게 사람을 천거할 수는 있어도 천자로 하여금 그에게 제후 자리를 주

도록 할 수 없고, 대부는 제후에게 사람을 천거할 수는 있어도 제후로 하여금 그에게 대부 자리를 주도록 할 수 없는 것과 같다. 백성에게 드러내 보였는데 백성이 그를 받아들인 것이다. 그러므로 하늘은 말을 하지 않고, 행동과 사건으로 보여줄 뿐이라고 말하는 것이다.

만장 : 하늘에 천거했더니 하늘이 그를 받아들였고, 백성에게 드러내 보였더니 백성이 그를 받아들였다는 것은 무슨 말씀입니까?

맹자 : 그에게 제사를 주재하도록 했더니 모든 신들이 그의 제물을 흔쾌히 받아들였으니, 이것이 바로 하늘이 그를 인정했다는 것이요, 그로 하여금 여러 가지 일들을 주관하게 했더니 그 일들이 모두 잘 다스려져서 백성들이 편안하게 되었으니, 이것이 백성이 그를 받아들였다는 것이다. 그래서 천자는 하늘로 하여금 다른 사람에게 천하를 주도록 할 수 없다고 말하는 것이다. 순임금은 28년 동안 요임금을 보필하였으니, 이는 사람이 할 수 있는 일이 아니라 하늘의 뜻이다. 요임금이 돌아가시고 3년 상이 끝나자 순임금은 요임금의 아들을 피해 남쪽 강의 남쪽으로 숨었는데, 천하의 제후들이 요임금의 아들이 아니라 순임금에게 가서 조회를 드렸고, 옥사를 다투는 자들도 그렇게 했으며, 찬양하는 자들도 요임금의 아들이 아닌 순임금을 찬양하였다. 그래서 하늘의 뜻이라고 하는 것이다. 그런 연후에 나라의 중심부에 가서 천자의 지위에 올랐던 것이다. 요임금의 궁을

차지하고 그 아들을 핍박하였다면 이는 찬탈을 한 것이지 하늘이 그에게 준 것이 아니다. 『서경(書經)』의 「태서(太誓)」편에서 "하늘은 우리 백성을 통해서 보고, 우리 백성을 통해서 듣는다."라고 한 것은 바로 이런 것을 말하는 것이다.

만장 : 사람들이 하는 말에 따르면 우임금 때에 이르러 덕이 쇠하여 현명한 사람에게 천자의 자리를 전하지 않고 자식에게 전했다고 하는데, 그 말이 사실입니까?

맹자 : 아니다. 그렇지 않다. 하늘이 현명한 사람에게 주고자 하면 현명한 사람에게 물려주는 것이고, 하늘이 자식에게 주고자 하면 자식에게 물려주는 것이다. 옛날에 순임금이 우임금을 하늘에 천거하고 나서 17년 만에 순임금이 돌아가시자, 3년 상이 끝나고 우임금은 순임금의 아들을 피해 양성(陽城)이라는 곳으로 숨었는데, 천하의 백성들이 그를 추종하는 모습이 마치 요임금 사후에 요임금의 아들을 따르지 않고 순임금을 따르듯이 하였다. 우임금이 익(益)을 하늘에 천거한 지 7년 만에 돌아가시자, 3년 상이 끝나고 익은 우임금의 아들을 피해 기산(箕山)의 북쪽에 숨었는데, 조회를 드리고 옥사를 다투는 자들이 익이 아니라 우임금의 아들인 계(啓)에게 찾아가면서 "우리 임금님의 아들이시기 때문이다."라고 말하였고, 찬양하는 자들도 익이 아닌 계를 찬양하면서 "우리 임금님의 아들이시기 때문이다."라고 하였다. 요의 아들뿐 아니라 순의 아들도 또한 못났을 뿐 아니라 순임금이 요를, 우임금이 순을 오랫동안 보필하여 그 은택이

백성에 미친 지도 오래되었지만, 계는 현명하여 우임금의 원칙을 경건하게 계승할 수 있었고, 익이 우를 보필한 것은 오래되지 않아서 백성들에게 은택이 미친 것도 또한 그러했으니, 보필한 햇수가 오래되었는가, 그렇지 않았는가 하는 점과, 그 아들이 현명한가, 못났는가 하는 것들이 모두 하늘의 뜻이요, 사람의 힘으로 할 수 있는 일이 아닌 것이다. 누가 일부러 그렇게 하지도 않았는데 그렇게 되는 것이 하늘의 뜻이요, 아무도 부르지 않았는데 오는 상황은 하늘의 명령인 것이다.

백성들이 인정해야만 지도자의 자리에 오를 수 있고, 백성들에게 신뢰를 잃으면 그 자리에서 쫓겨나야 마땅하며, 심지어 죽임을 당할 수도 있다는 이러한 생각을 맹자처럼 완벽하게 구현한 사람은 그 당시는 물론 이후 2천 년이 넘는 시간 동안 그 누구도 없었다. 그 역시 당시의 상황에서 자유로울 수 없었기 때문에 왕정이라는 테두리 안에서만 사고했지만, 그의 사상이 도달하게 될 논리적인 귀결은 민주주의 바로 그것이었다.

서양에서도 19세기나 되어야 등장하는 완벽한 평등주의적이고 민주주의적인 사상이 동양에서 무려 2,500년 전에 이미 등장했다는 사실은 실로 놀라운 일이며, 이러한 사실을 믿지 못하는 사람들도 적지 않으리라 생각한다. 이런 사람들은 아마도 동양은 본질적으로 서양보다 미개하므로 서양의 인도와 지배가 필요하다는 오리엔탈리즘의 수혜자일 것이다.

하지만 17-18세기에 걸쳐 과학혁명과 산업혁명을 통해 서양이 전근대의 틀을 벗어던지고 환골탈태하기 전까지는 동양이 서양에 비해 학문과 문화는 물론 군사적으로도 훨씬 선진화되어 있었다는 것은 다방면에서 역사적으로 쉽게 입증 가능한 사실이다. 나아가 미국의 역사학자인 크릴(H. G. Creel)은 서구 계몽주의와 민주주의의 등장에 중국 고대의 유학이 커다란 영향을 미쳤음을 자세히 설명하면서,[42] "형이상학적인 윤리학과 봉건사회의 유대관계를 파괴하려고 노력하였던 계몽주의 철학자들은 … 놀랍게도 2천 년 전 중국에서 동일한 투쟁과 노력이 있었음을 발견하였다."라고 말한다.[43]

아쉽게도 봉건적 형이상학으로부터의 탈피의 과정이었던 서양과 달리, 동양은 공자에서 시작되어 맹자에서 꽃을 피운 탈형이상학적이고 민본적인 인문주의 사상이 순자에서 주희로 이어지는 비관론자들에 의해 점차 주도권을 빼앗기고 만다. 그 결과 서구의 충격에 의해 근대화가 이루어질 때까지 동양 사

---

42) H. G. 크릴, 이성규 옮김, 『공자, 인간과 신화』(지식산업사, 1997)의 15장을 보라.
43) 같은 책, 313쪽.

회는 학문과 정치를 포함한 모든 분야에서 정체된 모습을 보일 수밖에 없었다.

맹자의 사상은 주희의 논적이었던 육상산(陸象山)을 거쳐 양명학의 창시자인 왕양명으로 이어지면서 명맥을 유지한다. 육상산과 왕양명의 사상에서는 맹자의 순수한 인문주의적 정신이 다소 변질된 채, 형이상학적이고 종교적인 모습이 섞여 있음을 발견할 수 있음에도 불구하고, 만민평등주의적이며 개방적인 요소는 여전히 살아 있었다. 동양 사상 내부에도 근대화와 민주화를 향한 추동력이 존재했으며, 서구의 충격이 없었더라도 동양 스스로 근대화를 이룰 수 있었다는 다소 자위적인 주장을 하는 일군의 학자들이 양명학에 주목해 왔다는 사실은 시사하는 바가 크다.

4. 진정한 인간다움은 어떻게 실현 가능한가?

    그렇다면 천하를 통일하기 위해서는 앞에서 말한 것과 같은 정책을 실현하는 것으로 충분한가? 자기 자신은 변하지 않은 상태에서 그런 정책을 기만적으로 실행함으로써 천하를 통일하는 것도 정당화될 수 있는가? 맹자의 대답은 아마도, "그럴 수도 있고 아닐 수도 있다."일 것이다.

    맹자는 "그대가 (전설상의 성군인) 요임금의 복장을 하고 그와 같은 언행을 하면 요임금이 될 것이다."[44]라고 말한다. 인위적이고 가식적이든 아니든 간에 어떤 사람이 평생 동안 인

---

44) 『孟子』, 「告子」, 下, 2.

자한 모습을 보인다면 그 사람이 유덕한 사람이 아니라고 말할 수는 없을 것이며, 만약 그러한 행태가 스스로 변화하기 위한 노력이라면 그 가치를 더욱 높이 평가해 주어야 마땅한 것이다.

기만정책이 일시적인 것에 불과하다면, 그의 목적 달성 역시 일시적일 것이며, 찬사와 칭송이 더 큰 비난으로 변할 것은 당연할 것이다. 하지만 천하를 통일하기 위해 기만적으로 덕치를 행한다 하더라도, 그 기조가 장구하게 이어져 백성이 그 혜택을 입게 될 뿐 아니라 스스로에게도 느리게나마 변화가 찾아올 수밖에 없다면, 그것을 반대하거나 비난할 이유는 전혀 없다. 다만 그런 자기 분열적인 상황이 스스로 그 가치를 인정하고 변화하고자 노력하는 것보다 그 자신에게 더 편하고 가치 있게 느껴질 것인가 하는 것이 문제일 뿐이다.

여태까지의 논의 전개를 통해 그런 문제에 대한 이해가 깊어진다면, 인간다움을 발휘하여 스스로 변화하는 것이 백성들을 행복하게 하여 사회를 안정시키고 천하를 통일하는 위대한 업적을 달성하는 동시에 자신의 행복을 극대화하는 방법임을 인정하게 될 것이다. 그렇다면 이제 문제는 어떤 방법과 과정을 통해서 진정으로 인간다움[仁]이라는 덕목을 실현할 수 있을 것인가 하는 것이다.

이에 대한 해답을 가장 잘 보여주는 것은 맹자가 제선왕과 나눈 문답이다. 앞서 한 차례 살펴본 것처럼, 제선왕은 맹자에게 자신은 유덕하고 인자한 정치를 할 수 없다고 강짜를 부리곤 했는데, 맹자는 상대방을 들었다 놓았다 하는 언변과 화술을 사용하여 그를 꼼짝 못하게 한다. 만약 그의 주장이 제선왕뿐 아니라 누가 보더라도 논리적인 것이라면, 인간다움을 실현할 수 있는 방법으로 그것보다 분명한 것은 없을 것이기 때문이다. 다소 긴 대화이지만, 중요도를 감안하여 대부분 인용해 보도록 하겠다.

맹자 : 백성을 보호하여 천하를 통일하는 왕이 된다면, 누구도 그것을 막을 수 없을 것입니다.

제선왕 : 저 같은 보잘것없는 사람도 백성을 보호하여 천하를 통일할 수 있다는 것을 알 수 있다고 말씀하신 근거는 무엇입니까?

맹자 : 전에 제가 왕의 신하 가운데 한 사람에게 들었는데, 왕께서 당 위에 앉아 계실 때 소를 끌고 당 아래로 지나가는 사람이 있어, 왕께서 그것을 보시고 소를 어디로 끌고 가는가 물으셨는데, 그 소를 도살하여 새 종의 틈을 메우는 의식에 쓰고자 한다고 대답하자, 왕께서는 그 소가 벌벌 떠는 것이 마치 죄도 없이 사형장에 끌려가는 것과 같아 차마 볼 수가 없으니

양으로 바꾸어 쓰라고 말씀하셨다는데, 그런 일이 있습니까?

　제선왕 : 있습니다.

　맹자 : 이 마음이면 천하를 통일하는 왕자가 되기에 충분합니다. 백성들은 모두 왕께서 재물에 인색해서 소를 양으로 바꾼 것이라고 하지만, 저는 왕께서 차마 그 모습을 눈 뜨고 볼 수 없어 그렇게 하셨음을 잘 알고 있습니다.

　제선왕 : 그렇습니다. 진짜로 그런 백성이 있었습니다. 우리나라가 비록 협소하지만, 제가 어찌 소 한 마리를 아까워하겠습니까? 죄 없이 사형장에 끌려가는 것처럼 벌벌 떠는 모습을 차마 볼 수가 없어서 양으로 바꾸라고 한 것입니다.

　맹자 : 백성들이 왕을 인색하다고 여기는 것도 무리는 아닙니다. 큰 것 대신 작은 것을 사용했으니, 저들이 어찌 그 속마음까지 알겠습니까? 왕께서 소가 죄 없이 사형장에 끌려가는 것과 같은 모습을 측은히 여겨 그렇게 하셨다면, 양은 소와 다를 것이 무엇입니까?

　제선왕 : (웃으면서) 이것이 참으로 무슨 마음이었던가? 내가 재물에 인색하여 양으로 바꾼 것이 아니지만, 백성들이 나를 인색하다고 생각하는 것도 당연하구나!

　맹자 : 문제 될 것이 없습니다. 이것이야말로 인간다움을 실천하는 방법입니다. 소는 눈으로 보았고, 양은 보지 못하셨기 때문입니다. 군자는 짐승이 살아 있는 모습을 보면 차마 그 죽는 모습을 목격하기 힘들어하고, 울음소리를 들으면 그 고기를

차마 먹을 수 없는 법입니다. 그래서 군자는 부엌과 푸줏간을 멀리하는 것입니다.

제선왕 : 내가 행동으로 옮기고 돌이켜 보아도 이해가 되지 않더니, 선생께서 말씀해 주시니 확실하게 이해가 됩니다. 이 마음이면 천하의 왕자가 될 수 있다는 것은 무슨 말씀입니까?

맹자 : 어떤 사람이 왕께 자신은 50킬로그램짜리 쇠뭉치는 들 수 있지만 닭털 하나는 못 들겠다고 하고, 오리털 끝에 달린 먼지는 볼 수 있지만 수레 가득 실린 땔감은 못 보겠다고 하면 인정하시겠습니까?

제선왕 : 아닙니다.

맹자 : 이제 왕의 사랑이 짐승에게까지 미치면서 백성에게는 혜택이 이르지 않는 것은 어떻게 된 일입니까? 닭털 하나를 들지 못하는 것은 힘을 쓰지 않았기 때문이고, 수레 가득 실린 땔감을 보지 못하는 것은 눈길을 주지 않았기 때문입니다. 왕께서 천하의 왕자답지 못하신 것은 그렇게 안 하시기 때문이지, 못 하는 것이 아닙니다.

제선왕 : 하지 않는 것과 못 하는 것은 어떻게 다릅니까?

맹자 : 태산을 옆구리에 끼고 북해 바다를 건너는 것을 못 한다고 말한다면 이는 정말로 못 하는 것입니다만, 어른이 회초리 감을 꺾어 오라고 하자 자신은 그럴 능력이 없다고 말하는 것은 하기 않겠다는 것이지 진정으로 못 하는 것은 아닙니다. 왕의 경우는 태산을 옆구리에 끼고 북해 바다를 건너는 것과 같

은 범주[類]에 해당하는 것이 아니라 회초리감을 끊어 오는 것과 같은 범주에 해당합니다.45)

둘의 대화는 이후로도 한참 계속되지만, 이 정도로도 충분할 듯하다. 학자들 사이에서는 "소가 벌벌 떠는 모습에 대한 내용을 다룬 장"이라는 뜻의 "곡속장(觳觫章)"이라는 이름으로 유명한 이 일화는 인간다움을 실현할 수 있는 방법을 잘 설명해 주고 있다. 여기에서 사용되는 핵심적인 방법은 비유를 통한 유비추리이다. 대화에 등장했던 '범주[類]'라는 개념에 주목하면서, 대화의 논의를 따라가 보기로 하자.

왕이 어느 날 갑자기 종을 만드는 의식에 희생으로 사용되기 위해 끌려가는 소를 보고 측은히 여기는 마음을 가지게 된 것은 인간만이 가지고 있는 선한 본성이 발현되었기 때문이다. 아무 죄도 없는 소가 도살장으로 끌려가면서 벌벌 떠는 것을 보고 그 상황에 소가 아닌 사람, 나아가 자기 자신을 대입시켜 "내가 아무런 잘못도 없는데 사형장에 끌려가야 한다면 얼마나 비참하고 괴로울까?"라고 생각하면서 그 고통과 공포에 공감했기 때문에 그런 감정을 느끼게 된 것이다.

그리고 왕은 소 대신 양을 희생으로 사용하라고 명령하는데,

─────────
45) 『孟子』, 「梁惠王」, 上, 7.

그것은 참으로 생각 없는 조치였다. "잘 생각해 보십시오. 소와 양이 다를 게 무엇입니까? 동일한 상황에 소 대신 양을 대입시켜 본다면 당신은 똑같은 감정을 느끼지 않았겠습니까?"라는 맹자의 지적에, 왕도 자신의 조치가 불합리한 것이었음을 인정한다.

소와 양은 동일한 범주에 속한다. 완전히 동일하지는 않지만, 논의되고 있는 문제와 관련해서는 차이를 둘 필요가 없으므로, 동일하다고 말해도 무방하다. 동일한 범주에 속하는 것에 대해서는 동일한 논리가 적용되어야 한다. 친구와 내가 똑같이 수업시간에 땡땡이를 치고 매점에 가서 햄버거를 사 먹고 왔는데, 친구는 훈방하고 나에게만 화장실 청소와 벌점을 부과한다면 참으로 어이없는 일이 아니겠는가?

동일한 논리가 적용되면서, 정도에 차이가 나는 경우도 상정해 볼 수 있다. 강력계 경찰이 두 차례 범인 체포에 나섰는데, 한 번은 운동선수 출신의 건장한 남성을 오랜 추격전과 격투 끝에 체포해 온 반면, 다른 한 번은 자신과 친분이 있는 평범한 여성 용의자를 눈앞에서 놓치고는 "잡을 수가 없었어요. 얼마나 빠르고 힘이 센지요."라고 말한다면 특별한 다른 변수가 개입되지 않는 한 그 말을 믿을 사람은 거의 없을 것이며, "당신은 당신의 능력을 발휘하지 않았을 뿐이오."라고 말할 것이다.

당시 백성들은 과도한 세금과 노역, 그리고 가혹한 형벌과 잦은 전쟁으로 도탄에 빠져 있었다. 왕과 귀족, 그리고 고위 관료들은 방탕한 생활을 즐기면서 백성들의 고통에 눈 감고 있었다. 제선왕도 예외는 아니었다. 그런 왕이 사지에 끌려가는 소를 보면서 측은한 마음을 느끼자, 맹자는 왕을 꼼짝 못하게 설득할 기회를 잡은 것이다.

　"당신은 죄 없이 사지로 몰리는 백성을 무수히 많이 보아 왔고, 앞으로도 그럴 것이오. 범주를 따져 보면, 소보다 인간이 당신에게 훨씬 가까운 존재요. 무고하게 죽임을 당하는 소에게 측은한 마음을 느낀다면, 동일한 처지에 있는 사람들에게도 당연히 그래야 하며, 그 정도는 더욱 심해야 하오. 고통 받는 백성들을 측은히 여기는 마음을 정책에 발현한다면, 그것이야말로 유덕하고 인자한 정치가 될 것이오. 그것은 어려운 일이 아니오. 특정한 계기에 당신에게 자연스럽게 드러난 공감의 능력을 확장하기만 하면 되는 것이오. 소를 양으로 교체한 불합리한 조치를 취한 것은 생각 없이 행동했기 때문임을 당신은 인정할 것이오. 방만하지 말고 좀 더 집중해서 생각했다면 그런 어리석은 행동을 하지 않았을 것이오. 그것은 어려운 일이 아니오. 백성들에게 유덕하고 인자한 정치를 펼치는 것 또한 마찬가지요. 소나 양에게까지 측은한 마음을 느껴 인자한 행동을 보이면서도, 백성들의 고통을 방치하는 것은 생각 없이 그들의 고통에 눈 감고 있을 뿐이오. 소를 풀어 준 사건을 계기로 그 마음을 놓치지 말고 어떻게 행동해야 할지 생각해 보시오. 그리고 눈을 뜨고 집중해서 백성들의 고통을 보시오. 그러면 당신은 인자한 정치를 할 수 있을 것이오."

이런 맹자의 논변에 왕은 다른 핑계를 댄다. 자신에게는 더 급히 추진해야 할 목표가 있기 때문에 그렇게 하지 못하고 있을 뿐이라는 것이다. 그러면서 그 목표에 대해 얘기하기를 꺼린다. 맹자는 제선왕의 속마음을 간파하고, "왕이 바라는 것은 힘으로 다른 나라들을 복종시켜서 천하의 패권을 잡는 것이지요?"라고 말한 후, "그것은 나무에 올라가서 물고기를 잡으려 하는 것과 같습니다."라고 단정한다. "연목구어(緣木求魚)"라는 유명한 사자성어는 바로 여기에서 유래한 것이다.

제선왕은 부인하지 못한다. 그리고 맹자의 논변은 우리가 이미 앞에서 살펴본 부정적 권위와 긍정적 권위, 유덕한 통치의 효과, 그리고 인자에게는 대적할 자가 없다는 결론으로 돌아간다. 대화는 거기에서 끝나는 것으로 기록되어 있다.

『맹자』라는 텍스트의 기록만 보면 맹자가 제선왕을 꼼짝 못하게 제압한 듯하지만, 실상이 그렇지 않음은 분명하다. 제선왕의 정책은 이후에도 전혀 변함이 없었기 때문이다. 뒤에서 다시 한 번 살펴보겠지만, 제선왕과 같은 제후들에게 맹자는 참으로 귀찮은 존재였음이 분명하다. 강대국들이 전쟁을 벌이고 있는 급박한 상황에서 한가하게 인자한 정치나 논하고 있는 이상론자이지만, 탁월한 학문적 이론과 논리로 무장한 뛰어난 언변으로 명성을 얻고 있기 때문에 함부로 대할 수도 없기 때문이다. 가장 좋은 방법은 한두 차례 만나서 귀찮은 얘기 좀 들어 주고, 두둑하게 노자를 주어 다른 곳으로 보내는 것이다. 맹자는 언제나 이러한 대접을 받은 듯하며, 이런 점에서 그는 자신의 롤모델인 공자의 발자취를 따랐다.

하지만 우리에게 중요한 것은 맹자가 현실적으로 자신의 이상과 이론을 실현하는 데 성공했는가 여부가 아니라, 그의 이론이 논리적인 정합성과 설득력을 가지고 있는가이다. 당시의 제후들이 '생각 없이' 올바른 충고에 '눈 감았던' 것과는 무관하게, 그의 주장이 합리적이기만 하다면 우리는 그의 사상에서 삶을 어떻게 살아가야 하며 사회를 어떻게 운영해 나가야 할지에 대한 조언을 얻을 수 있을 것이기 때문이다.

다른 동물과 구분되는 인간만의 특징이 있다. 다른 존재와 공감하는 능력이 바로 그것이다. 이 능력은 비록 미미하지만, 그에 대한 배려와 사랑으로 자라날 수 있는 씨앗이다. 그래서 인간의 본성은 선하다는 주장이 성립할 수 있는 것이다. 하지만 그것은 단초에 불과할 뿐 아니라, 감각기관의 욕구와는 달리 대상에 의해 언제나 자동적으로 발현되는 것이 아니다. 그것을 발현하기 위해서는 인위적이고 적극적인 노력이 필요하다.

그렇다고 해서 그 노력이 순자나 주희의 그것처럼 불가능에 가까운 것은 아니다. 내가 타인의 고통에 눈 감고 잔인해지려 하는 순간, 비슷한 상황에서 공감의 능력이 발휘되었던 혹은 발휘될 가능성이 있는 상황에 주목하기만 하면 된다. 소 대신 양을 쓰라는 명령이 생각 없는 불합리한 것임은 제선왕 스스로뿐 아니라 누가 보아도 쉽게 알 수 있는 것이었다. 그는 양에 대해서는 무관심했던 것뿐이다.

백성의 고통에 대해서도 마찬가지다. 짐승인 소의 고통에는 측은함을 느끼면서 백성의 고통에는 무덤덤한 것을 합리적인 반응이라고 볼 수는 없다. 깨어진 벽돌을 보면서 가슴이 아픔을 느낀다고 말하는 사람이 커다란 상처를 입고 죽어 가는 동물 혹은 사람을 보면서 아무렇지도 않아 한다면 그를 정상적이라고 볼 수 없는 것과 마찬가지다. 소에 대해 측은지심을 느낀 적이 있다고 인정한 순간, 제선왕은 인간의 본성이 선하다는 맹자 논변의 출발점에서부터 제선왕 스스로가 인자한 정치를 행할 수 있다는 결론까지 거부할 수 없게 되어 버린 것이다. 독자 여러분이 제선왕이라면 어떻게 생각하고 행동했을지

상상해 보면 훨씬 흥미로울 뿐 아니라, 맹자를 정확히 이해하는 데 크게 도움이 될 것이다.

우리 모두는 자연스럽게 공감의 능력이 발휘되는 상황을 경험한다. 그것을 가장 비근하고 쉽게 경험할 수 있는 것은 가족 내에서이다. 자식을 키워 본 사람이라면, 아이가 아플 때 그보다 더 큰 아픔을 느끼고, 아이가 맛있게 먹을 때 자신도 행복함을 경험해 보았을 것이며, 부모나 형제에 대해서도 유사한 감정을 어렵지 않게 경험할 수 있다.

이제 고통을 겪고 있는 타인에 대해 생각해 보자. 점심을 거르는 아이들 문제를 논의할 때, 단순히 경제적인 효율성 따위만을 고려하지 말고, 자신의 아이가 길을 잃고 몇 끼를 굶는 상황을 마음속으로 그려 보라. 나는 우리 아이들에게 그런 일이 벌어졌다는 가상적인 상황을 그려 볼 때마다 상상 속의 일임에도 불구하고 가슴이 메어짐을 느낀다. 자식은 실제 자신이 경험하는 것보다 더 큰 아픔을 느끼게 하는, 말할 수조차 없이 소중한 존재이다. 이제 그 아이들도 누군가에게 그 못지않은 소중한 자식임을 기억하라. 그러면 그들의 상황을 바라보는 마음가짐이 전과 같을 수는 없을 것이다.

버스나 지하철에서 노인이나 임산부 혹은 어린아이에게 자리를 양보해야 하는 상황을 한 번쯤은 경험해 본 적이 있을 것이다. 그런 상황에서 어떤 마음가짐으로 양보를 하는가? 단순히 그것이 의무이기 때문에, 혹은 양보를 하지 않을 경우의 따가운 시선을 의식해서 그렇게 하는 것이라면, 양보의 행위 자체가 괴로울 뿐 아니라, 도덕적 자아의 성장에도 도움이 되지 않을 것이다.

하지만 어릴 때부터 자신을 끔찍이 아끼고 사랑해 주던 할아버지나 할머니가 흔들리는 버스나 지하철에서 힘들게 손잡이에 의지해 서 있는 상황을 마음속에 그려 보라. 그리고 이제 당신 앞에 서 있는 그분들도 누군가에게 그런 할아버지나 할머니라는 사실에 주목하라. 당신 앞의 임산부는 과거 혹은 미래의 당신 아내를 대입시켜 생각해 보라. 양보의 행위는 더 이상 어쩔 수 없이 행해야 하는 고통스러운 것이 아니다. 양보를 하지 않는다면 나의 작은 불편보다 상대방의 커다란 고통이 전해질 것이고, 앉아 있는 것은 더 이상 편안하지 않을 것이다. 양보는 상대방을 위한 것인 동시에 나 자신을 위한 것이기도 하다.

독신으로 살던 사람이 가족을 이루고 자식을 낳아 그들과 기쁨뿐 아니라 슬픔까지 함께하다 보면 나는 더 이상 내 한 몸에 구한되지 않음을 느낀다 배우자와 아이들의 삶 또한 내 것이 되고, 나는 그만큼 커지게 된다. 그들과 기쁨을 함께하고 슬픔을 나눔으로써 모두의 삶이 더욱 풍요로워지는 것이다.

타인의 고통에 대해서도 눈을 돌리지 말고, 그들의 상황이 내가 가족들과 겪을 수 있는 상황과 유사한 범주에 속한다는 사실에 주목해 보라. 내 가족의 그것에 대해서만큼은 아니겠지만, 나는 그들의 고통에 공감하게 될 것이고, 모른 체하지 못하는 나 자신을 발견하게 될 것이다. 나는 그만큼 더 커지게 되고, 내 삶은 더욱 풍요로워진다.

이런 경험이 가능한 것은 우리 마음의 상상력 때문이다. 우리가 책을 통해 간접 경험을 할 수 있는 것도 책 속의 상황에 자신을 대입시킬 수 있는 마음의 상상력 덕분인 것과 마찬가지다. 우리 마음은 도덕적 행위가 필요한 상황에서 자신을 제삼자적 입장의 객관적 관찰자가 아니라 그 상황에 직접 결부된 사람으로 투영시킬 수 있는 능력을 가진 것이다.

그런 능력이 저절로 발휘되는 것은 아니지만, 그렇다고 어려운 것도 아니다. 주어진 상황에 눈 돌리지 말고, 그 상황에 주목하고 그것이 자신의 상황일 수 있음을 생각하기만 하면 된다. 맹자의 표현에 따르면, "공감하려는 마음을 내던지지[放心] 말고, 그 마음을 잘 붙잡아[操]46) 생각하기만 하면[思] 되

---

46) 『孟子』, 「告子」, 上, 8과 11, 그리고 15를 보라.

는" 것이다. 공감과 실천을 통해 나는 더욱 커지고, 그 만족감
은 시너지 효과를 낳아, 또 다른 도덕적 행위를 할 수 있는 원
동력으로 작용하는 선순환이 된다.

반대로 마음을 내던지고 타인의 고통에 계속해서 눈 감는
행위는 내 마음속에 자라나는 선한 본성의 싹을 잘라 내고 짓
밟는 것과 같다. 우리 사회가 도축과 같은 일에 대해 분업 체
계를 적용한 이유 가운데 하나도 바로 그것이다. 신이 아니라
먹이사슬 속에 속해 있는 인간이기 때문에 먹지 않고 살 수는
없지만, 약육강식의 정글에서와 달리 직접 살생을 행하거나 목
격하지 않고, 그것을 대행하는 사람에게 대가를 지불하도록 한
것이다. 직접 행하거나 목격할 경우 공감의 능력이 점차 무뎌
질 것이기 때문이다.

선한 본성이 시들지 않도록 마음을 보존하는 순간, 나는 요
순과 같은 성인과 다를 바 없다. 성인과 나는 질적으로 다른
존재가 아니라, 성인다운 모습을 얼마나 지속적으로 발현할 수
있는가 하는 면에서만 차이가 나는 것이다. 지속적인 노력을
통해 선한 본성이 끊임없이 풍요롭게 드러날 수 있다면, 나는
순간적인 성인이 아니라 천하의 모든 사람을 가족으로 여기는
호연지기(浩然之氣)를 지닌 성인 그 자체가 될 수 있으며, 천
하 만민의 지도자가 될 만한 자질을 갖추게 되는 것이다.

IV

맹자 성선설의 탄생,
그리고
남은 문제들

"하늘 아래 완전히 새로운 것은 없다."라는 서양 속담처럼, 인간은 자신이 태어나고 살아온 시대와 상황으로부터 전적으로 자유로울 수 없다. 다만 평범한 사람들은 그 속에 매몰되어 시대 상황의 노예로 살아가는 반면, 위대한 인물들은 그러한 구속으로부터의 자유를 위해 노력함으로써 새 시대를 열어 간다는 차이가 있을 뿐이다.

　하지만 그들의 노력과 업적도 일부는 이전의 사회와 사상에 대한 계승과 연속선상에 있으며, 나머지 일부는 그에 대한 투쟁과 반작용의 결과이므로, 그 탄생 맥락을 이해하는 것은 시대를 앞서간 선지자들의 사상과 업적을 올바로 이해하기 위한 필수적인 과정이다. 맹자 역시 이로부터 예외일 수 없다. 맹자가 계승하고자 했던 것은 공자이며, 반대로 그가 대항하고자 했던 것은 양주(楊朱)와 묵자(墨子)였다.

논의의 전개상 맨 앞에 나와야 할 내용이 아닐까 궁금해하는 독자들이 있을 것이다. 학술적인 논문이라면 필자도 당연히 그런 순서를 따랐을 것이다. 하지만 일반 독자들의 경우, 맹자 사상 그 자체에 대한 이해 자체가 깊지 않은 상황에서 그 탄생 배경이 크게 궁금하지는 않을 것이다. 이제 그 사상의 선구자적이고 혁명적인 면모가 설득력 있게 전달이 되었다면, 사상사적인 내용에도 관심이 생겼을 것이라 생각한다. 이것이 바로 첫머리에 와야 할 내용을 이제야 다루는 이유이다.

1. 공자의 사상과 그 영향

맹자의 롤모델은 공자였다. 그는 "내 능력이 아직 옛 성인들에 미치지는 못하지만, 내가 원하는 바는 공자를 배워 본받는 것"이라고 말한다. 맹자의 시각에서 보면 공자는 인류 역사상 가장 훌륭한 사람이었기 때문이다.[47] 공자는 그의 언행을 담은 텍스트인『맹자』에서 가장 많이 등장하는 인물이자, 모든 판단의 준거이기도 하다. 따라서 공자는 맹자 사상의 형성을 이해하는 가장 중요한 열쇠 중 하나이다.

공자는 제자백가의 시조 격인 인물이다. 그는 주나라 말기의

---

47)『孟子』,「公孫丑」, 上, 2.

혼란기인 춘추시대에 사회의 안정을 도모하였다. 중국의 패권을 잡은 왕조들은 넓은 지역을 다스리기 위해 나름의 방법을 사용했는데, 주나라는 종법제(宗法制)에 기반한 봉건제를 채택했다. 왕은 친척들에게 땅을 나누어 주고, 친척들은 제후가 되어 조세 및 군역의 의무를 졌던 것이다. 하지만 오랜 세월이 흘러 천자의 세력의 약화되고 혈연적 유대가 약해진 제후들이 경쟁적으로 서로를 병합하고자 하면서 주나라 초기의 질서는 무너지고 만다. 일반 백성들의 입장에서 보면 천하가 전쟁터가 되어 버린 셈이다.

공자는 주나라의 질서를 부활시킴으로써 혼란을 종식시키고자 했다. 하지만 그가 부활시키고자 했던 과거의 제도는 실제 존재했던 주나라의 그것이 아니었다. 공자 스스로도 인식하지 못했지만, 그는 자신이 꿈꾸던 이상사회의 질서를 구현하고자 하였던 것이다. 그는 실제로 혁명가였으며, 그의 사상에서 우리는 과거와 획기적으로 단절되는 몇 가지 특징을 찾을 수 있다. 그 가운데 우리의 논의와 관련해서 중요한 것들을 몇 가지만 열거해 보면 다음과 같다.

(1) 공자는 통치자의 자격 조건을 강화하였다. 그는 이상적인 인격자를 표현하는 말로 '군자(君子)'라는 말을 썼다. 군자

란 원래 말 그대로 '임금[君]의 아들[子]', 즉 미래의 통치자를 의미하던 말이었다. 이 말이 인격자라는 의미로 사용됨으로써, 단지 세습만으로는 부족하며, 통치자는 인격자여야 한다는 요건이 부과되게 된다. 올바른 정치란 힘이나 강제력을 동원하는 것이 아니라, 통치자가 훌륭한 인격, 즉 덕(德)을 수양함으로써 백성들이 자발적으로 따르게 하는 것이어야 한다. 이론적, 이상적으로나마 군주에게는 인격 수양이 하나의 과제가 되었고, 맹자는 이를 계승하여, 유덕한 인격이야말로 통치자의 핵심 조건이며 그것이 갖추어지지 않을 경우에는 혁명을 통해 통치자를 바꾸어야 한다는 강력한 혁명적인 주장을 펼치게 된다.

(2) 공자는 평등주의자였다. 공자 문하의 학생이 되기 위해서 필요한 것은 배우고자 하는 열의와 쥐포 열 묶음 정도의 최소한의 사례였으며, 그 외에는 어떠한 제한조건도 없었다. 얼핏 보기에는 별것 아닌 듯하지만, 여기에는 매우 중요한 의미가 담겨 있다. 당시에 교육을 받을 수 있었던 것은 귀족의 자제들뿐이었기 때문이다. 더구나 그가 가르친 것은 '군자가 되는 법'이었다. 공자는 누구나 배워서 군자, 즉 통치자가 될 수 있다고 생각한 것이다.

(3) 공자의 사상은 반(反)형이상학적이고 인문주의적인 성격이 매우 강했다. 그는 인간의 본성, 천(天), 귀신 등과 같은 형이상학적인 주제들에 대해 이야기하지 않았을 뿐만 아니라, 그런 주제에 관해 연구하는 것을 비판했다. 이전의 통치자들이 '하늘의 명령[天命]'을 통해 자신의 정당성을 주장했음을 감안할 때, 이런 반형이상학적인 태도는 자의적인 독재정치에 대한 반박으로 이어질 수 있는 씨앗이 된다. 실제로 맹자는 이러한 태도를 계승하여, '하늘의 명령[天命]'이라는 말에서 형이상학적인 뉘앙스를 완전히 탈각시키고, 철저한 민주주의적 해석을 가한다.

　하지만 이런 선구자적인 면모와는 전혀 별개로 공자의 사상은 결코 체계적이지 않다. 그의 사상을 담은 유일한 책인『논어(論語)』는 제자들과 나눈 평범한 단편적인 대화로 이루어져 있을 뿐이다. 『논어』를 읽어 보면 가슴이 따스해짐을 느낄 수 있지만, 동양학을 전공하는 사람들조차 공자의 사상이 무엇인지 말해 보라고 하면 난감함을 느끼지 않을 수 없게 된다.

　누구나 공자 사상의 핵심은 '인(仁)'이라고 말하며, 공자 자신도 그렇게 생각한 듯하지만, 중요한 것은 그 정체가 분명치 않다는 사실이다. 공자는 그에 대해 한 번도 적극적으로 설명한 적이 없으며, "그런 것은 인이라 할 수 없다."와 같은 부정적인 정의만을 반복할 뿐이다. 서로 대척점에 서 있는 맹자와 순자라는 두 사상가가 공자의 적자(嫡子)임을 자처했다는 사실은 그 모호함을 너무나도 잘 보여준다.

사실 '인'이란 예수의 '사랑'이나 부처의 '자비'와 유사하다. 누구도 반대하기 힘든 개념인 것이다. "사람들을 사랑으로 대해야 한다."거나 "만물에 대해 자비로운 태도를 유지하라."라는 말에 시비를 걸기 힘든 것처럼, "인격적인 모습을 갖추어라."라는 말에 대해서도 또한 그러한 것이다. 어떻게 생각해 보면, 이러한 포괄성이야말로 예수나 부처, 그리고 공자가 인류를 대표하는 성인이 될 수 있었던 까닭이라고도 할 수 있다.

하지만 그런 충고들은 "노동자와 사용자 간의 최저임금에 대한 의견 차이를 어떻게 조정해야 합니까?"라는 질문에 대해 "정의롭게 해결하라."라고 충고하는 것과 유사하다. 노동자들은 최저임금을 올리는 것이 정의롭다고 생각하는 반면, 사용자들은 반대로 생각할 것이 뻔하다. '정의'라는 덕목에 대해 명확한 개념 규정이 이루어지지 않는다면, 그런 충고의 실효성은 거의 없다고 보아도 무방한 것이다.

이런 난점을 해결하기 위해 "정의란 무엇인가?"라는 질문에 대답하기 위한 다양한 노력이 윤리학의 주된 흐름이었던 것처럼, 2,500여 년 유학의 역사는 이 '인'이라는 덕목에 대한 주석의 역사라고 해도 과언이 아니다. 맹자는 그 가운데 가장 선구자격인 인물이었으며, 앞에서 자세히 살펴본 것처럼 가장 합리적이고 성공적으로 그 과업을 완수해 낸 장본인이기도 하다.

또 한 가지 주목해야 할 점은 공자의 제자 가운데 공자의 가르침을 "좋아는 하지만 힘이 부족해서 따를 수 없다."고 말하는 제자가 있었다는 사실이다.48) 이는 마치 "저는 재물과 여색을 좋아해서 인간다운 정치를 할 수 없습니다."라고 버티는 제선왕과 유사하다. 공자는 이런 제자를 꾸짖었을 뿐, 다른 적절한 조치를 취해 줄 수 없었다. 묵자는 "그것이 옳은 것임을 알고 그런 전례가 있다면, 불가능한 것은 아니니 무조건 실천에 옮기라."라고 명령조로 말한다. 도덕교육에 있어서 이러한 난관을 어떻게 해결할 것인가라는 문제를 떠안은 것 역시 맹자였으며, 이에 대한 대응책이 바로 성선설이었던 것이다.

---

48) 『論語』, 「雍也」, 10.

2. 맹자를 연마해 준 공자의 적들

맹자는 공자 사후 100여 년 후에 태어났으므로, 그들 사이에는 다양한 사상가들이 활동했음은 당연한 일이다. 그 가운데에는 물론 공자와 그 직계 제자들의 뒤를 이은 사람들도 있었겠지만, 맹자가 보기에 당시 사상계를 지배했던 것은 공자의 도를 펼치는 데 가장 위협적인 장애물인 양주(楊朱)와 흔히 묵자라고 불리는 묵적(墨翟)의 이론이었다. 맹자는 이렇게 말한다.

성왕이 다시 일어나지 않자 제후들은 방자해지고 재야에 있는 학자들이 제멋대로 떠들어 대니 양주와 묵적의 이론이 세상에 가득 차게 되어, 천하의 이론은 양주 아니면 묵적의 이론으로 귀결되게 되었다. 양주는 오직 자신만을 위해야 한다는 이론, 즉 '위아주의(爲我主義)'를 내세우니 이는 군주를 무시하는 것이며, 묵적은 모두를 똑같이 사랑해야 한다는 주장, 즉 '겸애(兼愛)'를 내세우니 이는 어버이를 무시하는 것이다. 임금을 무시하고 어버이를 무시한다면 이는 금수나 다름없다. … 양주와 묵적의 이론을 종식시키지 않으면 공자의 도리가 드러나지 않을 것이니, 이는 올바른 길에서 벗어난 이론이 백성들을 현혹시켜서 인의(仁義)가 행해질 길을 막아 버리는 것이다. … 나는 이러한 사태가 두려워 선왕의 도를 보호하여 양주와 묵적을 막고 음란한 말을 추방하여 올바른 길에서 벗어난 이론이 생겨나지 못하게 하는 것이다.[49]

양주는 위아주의를 채택하여 털 오라기 하나를 뽑아서 천하가 이로워진다고 하더라도 하지 않았다. 묵자는 겸애주의를 채택하여 머리 꼭대기부터 발끝까지 닳아 없어지더라도 천하를 이롭게 할 수 있다면 그렇게 하였다.[50]

양주와 묵적은 서로 반대되는 극단적인 사상을 내세운다. 양

---

49) 『孟子』,「藤文公」, 下, 9.
50) 『孟子』,「盡心」, 上, 26, "孟子曰 楊子 取爲我 拔一毛而利天下 不 爲也 墨子 兼愛 摩頂放踵 利天下 爲之."

주는 철저히 자기 자신만을 중시하면서 군주를 무시하는, 세상의 일에 대해 지나칠 정도로 무관심한 인물이다. 그리고 이는 "타인과 관계에서의 도덕을 무시함[無義]"과 연결된다. 묵자는 차별 없는 보편적인 사랑의 당위성을 내세우면서 어버이를 무시하고, 자신에게 어떠한 피해가 오더라도 차별 없는 사랑을 실천에 옮기는 사람이다. 그리고 이는 "가족 간의 애정의 중요성을 무시함[無仁]"과 연결된다.

맹자가 인간의 본성에 대한 자신의 이론인 성선설을 핵심으로 삼은 것은 이 두 명의 논적을 물리치기 위함이었다. 공자는 인간의 본성에 대한 명확한 그림을 제시하지 않았지만, 양주와 묵적은 그에 대한 나름의 견해에 기반을 두고 있었다. 모든 도덕 이론과 삶의 방식은 그 근저에 인간 본성에 대한 이론을 전제할 수밖에 없으며, 맹자는 이러한 사실을 정확히 이해하고 있었던 것이다.

1) 극단적 이기주의자에 대한 응답

극단적 이기주의자인 양주라는 인물에 대해서는 알려진 바가 거의 없지만, 그의 구호가 "외적인 것을 경시하고 자신의 생명을 중시한다[輕物重生]."라는 것이라는 점에 대해서는 이

견이 없다. 외적인 대상을 획득하기 위해 자신의 생명을 훼손
해서는 안 된다는 것이다. 가장 쉽게 떠오르는 사례는 돈을 벌
기 위해 검증되지 않은 약의 임상실험에 참가하는 것과 같은
부류이다.

여기에서 먼저 의심을 가져야 할 것은 "거친 밥을 먹고 물
을 마시며, 팔을 베개 삼아 누워도 즐거움이 그 가운데 있으니,
올바르지 못한 부유함과 귀함은 내게 뜬구름과 같다."51)라고
말하며 안빈낙도(安貧樂道)를 노래했던 공자가 과연 외적 대
상을 획득하기 위해 생명을 훼손하려 했다는 비판을 받을 수
있는가 하는 점이다.

하지만 외적인 대상을 단순히 재물이나 지위로 한정시키지
말고, 칭찬이나 비난과 같은 도덕적 평가까지 그에 포함시킨다
면 문제는 훨씬 쉬워진다. 겁쟁이라는 비난이 두려워서 혹은
용감하다는 칭찬을 받기 위해서 무모하게 불량배에게 덤벼드
는 사람을 생각해 보면 이러한 주장이 쉽게 이해가 갈 것이다.
일본의 지하철역에서 선로로 떨어진 취객을 구하고 자신은 사
망한 이수현의 행동 또한 예외가 될 수는 없다.

양주의 입장에서 보면, 공자처럼 도덕적 행동을 중시하는 사

---

51) 『論語』, 「述而」, 15.

람의 실제 목적은 명예를 얻고 비난을 피하기 위한 기만적인 것에 불과하다. 그것은 최선의 경우에도 생명 보존이라는 제1원칙에 전혀 도움이 되지 않으며, 최악의 경우에는 그것 때문에 생명 그 자체를 잃음으로써 그 원칙을 완전히 파괴해 버릴 수 있다.

양주의 영향을 받은 것으로 보이는 『장자(莊子)』의 한 우화는 이러한 생각을 잘 보여준다.

유명한 목수가 제(齊)나라로 가다가 토지묘에 있는 떡갈나무를 보았다. 소 수천 마리가 그 뒤에 숨을 수 있을 만큼 크고, 줄로 둘레를 재보면 백여 아름이나 되었다. 산보다 80척이나 높은 곳에서야 비로소 가지가 뻗어 나와 있었다. 배를 만들 만한 곁가지만도 10여 개나 되었다. 구경꾼들이 장사진을 쳤지만, 목수는 되돌아보지 않고 계속 걸어갔다. 그의 제자들이 실컷 보고서는 목수에게로 쫓아가서는 말하였다.

"저희들이 도끼를 들고 선생님을 쫓은 이래 이렇게 아름다운 재목은 본 적이 없습니다. 선생님께서는 본 체도 않고 가버리시니, 무슨 일이 십니까?"

목수가 말하였다.

"그만두어라. 말하지 말라! 쓸모없는 나무다! 배를 만들면 배가 가라앉고, 관을 만들면 빨리 부식하고, 그릇을 만들면 빨리 부서지며, 문이나 창틀을 만들면 송진이 흘러나오고, 기둥을 만들면 좀이 슨다. 이것은 무용한 나무이니, 쓸데가 없기에 이렇게 장수를 누릴 수 있는 것이다."

그날 밤 토지묘의 떡갈나무가 꿈에 나타나서 말하였다.

"당신은 나를 무엇에 비교하려는 것입니까? 나를 결 좋은 나무와 비견하려는 것입니까? 배, 귤, 유자 같은 과일은 열매가 익으면 껍질을 벗겨 먹습니다. 이는 욕을 보는 것입니다. 큰 가지는 부러지고 작은 가지는 휘어지게 됩니다. 이들은 자기 효용 때문에 자기 삶에 괴로움을 당하고, 따라서 제 명을 다하지 못하고 중도에 요절하는 것입니다. 이는 스스로 사람들에게 베어지는 것을 택한 것입니다. 모든 존재가 그러합니다. 내가 무용함을 추구한 것은 오랜 일입니다. 거의 죽을 뻔한 일도 있었지만, 이제야 무용함을 얻게 되었으니, 그것이 나에게 커다란 쓸모가 있게 되었습니다. 내가 유용했다면 이렇게 크게 자랄 수가 있었겠습니까?"

그 이야기를 들은 제자들이 물었다.

"쓸모없기를 추구하면서, 왜 토지묘의 나무가 되었습니까?"

"쉿! 그런 말 하지 마라. 그 나무는 단지 그에 가탁했을 뿐이지만, 이해하지 못하는 사람들의 욕을 먹기도 한다. 토지묘의 나무가 아니었다면, 아마 베어져 버렸을 것이다."[52]

---

52) 『莊子』, 「人間世」.

사람들은 재물을 탐내다가 목숨을 잃거나 불구가 되는 것은 어리석은 행동이라고 비난하지만, '의로운 사람', '쓸모 있는 사람', 혹은 '유능한 사람'이라는 훌륭한 평가를 받고자 노력하는 것에 대해서는 반대의 태도를 취한다. 그러나 그러한 태도 역시 생명의 보존과 번영이라는 커다란 원칙에서 본다면 옳지 못한 태도일 가능성이 훨씬 높다. 쓸모가 있기 때문에 베어지고 꺾인 나무들은 이를 잘 보여준다. 도덕적인 행동 역시 재물을 탐하는 것과 다를 바 없는 것이다.

양주에 따르면 당시 혼란의 원인은 많은 사람들이 저마다 세상을 이롭게 하겠다고 말하면서 명예와 이익에 대한 욕구 충족을 추구하는 것이었다. 모두가 제1원칙을 지키고자 노력한다면, 사회적 혼란도 종식될 수 있을 것이다. 도덕이 본질적으로 자신의 명예나 이익을 가장하기 위한 도구에 불과하다는 양주의 비판은 분명 도덕의 효용성을 주장하는 사람들이 넘어야 할 장애물임에 틀림없다. 맹자는 이러한 양주의 화살이 공자를 향하고 있다고 보고, 그에 대해 나름의 변호를 하고자 한 것이다.

맹자가 측은지심에 대해 설명하면서 물에 빠지려는 어린아이를 구하고자 하는 것이 명예나 비난 때문이 아니라는 점을 강조하는 것53)은 양주의 이러한 비판을 의식한 것이라고 본다면, 사상사의 변증법적 측면을 보다 잘 이해할 수 있을 것이다. 성(性)과 생(生)은 어원도 같을 뿐 아니라, 당시에 같은 발음을 가지고 유사한 의미로 쓰였을 가능성이 높다는 점을 고려하면, 양주의 주장은 나와 무관한 외적인 것 때문에 내가 가지고 태어난 것, 다시 말해서 자연스러운 나의 본성을 해쳐서는 안 된다는 것으로 압축될 수 있다.

이러한 비판에 대해 맹자는 그와 다른 본성론을 제기함으로써, 타인에 대한 배려가 나와 무관한 외적인 것이 아니며, 그 단초는 자연스럽고 본래적으로 주어지는 것임을 증명하고자 한다. 그가 해결하고자 한 첫 번째 문제는 양주가 외적인 것이라고 비난했던 '도덕적인 것[義]'이 나와 무관한 외적인 것이 아니라 내가 본래부터 가지고 있는 자연스러운 것임을 증명하는 것이다. 고자와의 논변에서 다루어지고 있는 핵심적인 내용이 바로 이것이다. 고자가 혈족에 대한 사랑만을 자연스러운 것이라고 주장한 데 대해서, 맹자는 타인과의 관계에서 발현되는 배려와 도덕성도 나에게 자연스럽게 주어진 것을 확장한 것이라고 대응한 것이다.

여기에는 보다 심층적인 문제가 도사리고 있다. 이는 노자가

---

53) 『孟子』, 「公孫丑」, 上, 6.

말한 "빼앗고자 하거든 먼저 주어라."54)라는 수수께끼 같은 구절과 밀접한 관련이 있다. 앞서 덕에 대해 설명하면서 거론했던 오기의 사례를 다시 한 번 떠올려 보라. 오기가 부하 병사의 다리에 난 종기를 입으로 빨아 준 것은 진정으로 도덕적인 행동이었는가? 그런 행동을 통해 오기는 더욱 도덕적이고 인격적인 사람으로 성장했는가? 그 대답은 분명 "아니다."일 것이다.

오기는 기만적으로 유덕한 행위를 가장했고, 병사는 이에 속아 목숨을 바쳤다. 오기가 병사에게 은혜를 베푼 것은 그의 환심을 사고 그의 희생을 얻어내기 위함이었다. 병사에게 뭔가 커다란 것을 빼앗아 가기 위해서 먼저 은혜를 베푼 것이다. 이런 위선적이고 기만적인 사례는 얼마든지 더 찾아볼 수 있다. 노자가 한 말의 의미는 바로 이것이었다.

어떤 사회에서든 타인에게 도덕적 행위를 함으로써 덕을 베풀게 되면 그 사람에 대해 일정한 영향력을 행사할 수 있게 되고, 그 사람과의 관계에서 보다 유리한 위치에 서게 된다. 도덕적인 것처럼 보이는 행위가 실제로는 자신의 지위를 강화시키는 데 이용될 수 있는 것이다. 비난을 피하고 칭송을 받음으

---

54) 『老子』, 36장.

로써 자신의 영향력을 확대하기 위해 도덕적인 행위를 하는 것을 진정으로 도덕적인 행위라고 말하기는 힘들다. 자기 수양의 측면에서 본다면 행위자는 유덕한 사람이 되기보다는 오히려 부덕한 사람이 되어 갈 것이기 때문이다. 이러한 문제는 '덕의 역설(Paradox of Virtue)'이라 불린다.

양주는 도덕적인 행위란 모두 그러한 속성을 가질 수밖에 없다고 전제하고 있는 듯하다. 맹자가 진정한 도덕적 행위란 행위자 자신에게도 행복의 영역을 확대하는 선순환적 계기로 작동함을 보여주고자 한 것은 이러한 양주의 비판에 대한 응답이었던 것이다.

양주와 관련된 문제가 하나 더 있다. 생명의 보존과 번영을 궁극적인 가치로 여긴다면, 쾌락에 대한 방종만으로는 전혀 충분치 못하며, 보다 장기적이고 진정한 쾌락을 추구하기 위해 현재의 쾌락을 자제했던 에피쿠로스처럼, 내 몸의 보다 크고 중요한 부분을 살리기 위해서 작은 부분을 죽여야 하는 이른바 쾌락주의의 역설에 빠지게 되는 것이다.

맹자는 작고 중요하지 않은 부분[小體]이 크고 중요한 부분[大體]을 위해 희생되는 것이 아니라, 크고 중요한 부분이란 작고 중요하지 않아 보이는 부분의 자연스러운 확장[推]임을 보여준다. 인간다움의 덕을 성취하기 위해서는 나의 감각적 욕구를 죽여야 하는 것이 아니라, 더 많은 사람들과 더불어 욕구를 충족시킴으로써 나의 행복감이 배가될 수 있는 방식을 찾아야 한다는 것이다. 이 역시 양주에 대한 맹자의 반격이라고 할 수 있다.

맹자에게 타인과의 관계에서 발현되는 도덕성은 인간의 본래적이고 자연적인 모습과 무관한 외물(外物)에 불과한 것이 아니라, 반대로 자신에게서 그 근원을 찾을 수 있는 내적이고 본래적인 것이다. 그러한 단초의 확장 과정에서 자아의 일부분은 죽게 되는 것이 아니라 오히려 확장되고 자라나게 된다. 도덕이란 기만적이고 위선적인 것이 아니라, 사회와 개인의 행복을 극대화하는 유일한 방법이다. 그러므로 고립된 개체의 이익에만 집착하는 양주의 견해는 타인과의 관계를 부인하는 천박한 견해에 불과하다는 것이다.

2) 극단적 이타주의자에 대한 응답

묵적, 즉 묵자의 해법은 양주와 완전히 반대된다. 묵자는 당시 혼란의 원인이 사람들의 차별적인 마음가짐에 있다고 보고, 모든 사람을 차별 없이 사랑할 것[겸애(兼愛)]을 주장한다. 자신의 친구를 자기 자신만큼 사랑하고 친구의 아버지도 자신의 아버지와 똑같이 사랑해야 한다는 것이다. 이런 식으로 논리를 확장해 가면, 남의 나라도 자신의 나라처럼 위하게 될 것이니 천하에 전쟁은 없어질 것이다.

이러한 결론에 이르게 되는 출발점은 인간의 본성에 대한 논의이다. 묵자는 '본성[性]'이라는 용어 자체를 거의 사용하지 않고 있지만, 그 말을 사용하지 않는다고 해서 그의 주장이 인간의 본성에 대한 견해와 무관하다고 할 수는 없다. 앞에서 언급했듯이 어떤 삶의 방식을 선택한다는 것은 곧 인간의 본성에 관한 특정한 한 가지 견해를 전제함을 의미한다. 묵자의 경우에도 이른바 '자연상태'를 상정함으로써 이미 그 담론에 참여하고 있다고 볼 수 있는 것이다.

묵자에게 도덕을 향한 내재적인 성향이나 가족 간의 성스러운 유대와 같은 생각은 철저하게 부정되며, 객관적으로 관찰 가능한 분명한 사실은 인간이란 철저히 이익을 추구하는 존재라는 점이다. 지적인 혼란에 빠지지 않는 한, 계산을 통해 최대의 이익이 되는 방향을 따르고자 한다.

이러한 계산 능력은 '범주[類]'와 '확장[推]'이라는 개념으로 표현되는 유비추리의 기능을 통해 발현된다고 본다. 맹자의 논변에서 이 개념들이 얼마나 자주, 그리고 중요하게 사용되었는지를 상기해 본다면, 맹자는 묵자를 극복하고자 노력하는 동시에 그의 핵심적인 무기를 빌려 사용하고 있음을 알게 된다. 말하자면 맹자는 "이이제이(以夷制夷)"와 유사한 전략을 구사한 것이다.

여기에서 '확장[推]'이란 A와 B가 동일한 '범주[類]'에 속하는데, 상대방이 A는 인정하면서도 B를 인정하지 않을 때 두 사태 사이의 유사성을 들어 상대방으로 하여금 B를 받아들이게 하는 것이다. 제선왕이 벌벌 떠는 소에 대한 측은함을 느끼면서 양에 대해서, 그리고 도탄에 빠진 백성에 대해서는 그렇지 못한 것에 대해 맹자가 둘은 동일한 범주에 있음을 지적하여 잘못을 시인하게 만든 것은, 맹자가 묵자의 논변을 차용한 대표적인 예이다.

묵자는 이런 논변을 통해 겸애의 당위성을 입증하고자 한다. "죄 없는 사람을 해치는 것은 나쁘다."라는 개인 간의 옳음 여부에 대한 주장이 "침략 전쟁은 나쁘다."라는 사회적 옳음 여부에 대한 주장과 동일한 범주에 속함을 보인 뒤, 전자의 당위성을 인정한다면 후자 역시 인정해야 한다고 주장하는 것이다. 이러한 논리를 통해 타산적인 개인은 최대 다수의 보편적 이익을 추구해야 한다는 주장을 이끌어 내며, 다소 부족해 보이는 부분은 "겸애는 하늘의 뜻"이라는 종교적 색채가 강한 주장을 통해 보충한다.

묵가의 이타적이고 공리적인 철학은 일견 진정한 도덕성의 발현인 것처럼 보인다. 그러나 여기에는 커다란 문제점이 있다. 과연 인간이 남을 자기 자신처럼 사랑하는 것이 가능한가 하는 점이다. 앞서 한 차례 언급했던 것처럼 묵자의 제자는 실제로 "모든 사람을 자기 자신처럼 사랑하는 것이 옳은 일임은 알겠습니다만, 그것을 어떻게 실천할 수 있습니까?"라고 묻는다. 이에 대해 묵자는 "그것이 불가능한 일은 아니지 않은가? 아무리 힘들어도 굳게 마음먹고 하라!"라고 말하고 있을 뿐이다.

묵자에게 규범이란 나 자신의 성향과는 무관하며, 도덕적 행위란 그 규범의 내용을 파악해 내고, 굳은 의지를 발휘해서 그것을 실천하는 것이다. 맹자가 묵자에 대해 "머리 꼭대기부터 발끝까지 닳아 없어지더라도 천하를 이롭게 할 수 있다면 그렇게 하였다."라고 표현한 것은 바로 이러한 측면을 말한 것이다.

묵자에게는 또 한 가지 난점이 존재한다. 그들은 겸애가 옳음의 객관적인 기준이며, 설득을 통해서 사람들로 하여금 그 원리를 받아들이도록 할 수 있다고 주장하지만, 묵자 자신도 인정하듯이 그러한 설득 작업이 실패할 가능성은 언제나 존재한다. 그는 타산적인 지식에 기초한 규범을 가져야 함을 주장하지만, 그들의 규범이 보편성을 획득하지 못할 가능성이 있으며, 실제로 옳음에 대한 다양한 의견이 존재함도 또한 인정하고 있는 것이다.

결국 객관적인 규범적 앎을 추구했던 묵자는 동일한 목적을 추구했던 순자나 플라톤과 같은 곤경에 처하게 된다. 논변을 통해 정의[義]에 대해 정당화하는 것은 오직 극소수의 사람들에게만 가능하며, 그것을 받아들이도록 하기 위해서 대다수의 사람들에게는 비합리적인 설득(혹은 강제)을 사용하는 수밖에 없는 것이다. 결국 묵자에게도 유덕한 인간이 되는 것은 극소수의 사람에게만 가능하며, 나머지 대다수의 사람들은 그저 자신에게는 이질적인 외재적 규범에 복종하는 수동적인 존재가 될 수 있을 뿐이다. 이는 인간의 인식론적 한계를 고려하지 않고 도덕규범을 객관적이고 보편적인 앎의 문제로 해결하려는 사람들의 운명인 것이다.

묵자를 극복하기 위해 맹자는 도덕적 성향이 모든 사람에게 존재함을 밝히는 것에서부터 출발한다. 단순한 선언적 차원이 아니라, 가상의 심리 실험과 그에 기초한 논변을 통해 자신의 주장을 매우 설득력 있게 입증한다. 나아가 묵가의 논리를 차용하여 도덕적 성향도 동일한 '범주[類]' 내에서는 '확장[推]' 가능함을 주장한다.

나아가 묵자에 대한 비판에 대해 책임을 지기 위해서는 자신의 도덕이 일반 사람이 감당하기에 지나치게 힘든 것이 아님을 보여주고자 한다. 자신에게 천부적으로 주어져 있는 도덕적 성향을 자연스럽게 확장시키는 방법을 통해 실천에 편안함과 즐거움이 수반될 수 있는 것이다. 그리고 바로 그러한 이유로 누구나 유덕한 사람, 나아가 완전한 인격을 갖춘 사람[聖人]이 될 수 있음을 천명한다. 묵자와 같은 문제점을 가지게 되는 이유는 규범을 자신과 무관한 것으로 간주하고, 그 규범을 실천할 수 있는 동기 부여의 원동력으로서 "원초적인 사랑을 부인했기[無父]" 때문이다. 가족에서부터 친척으로, 그리고 모르는 사람과 다른 생명체에게까지 사랑을 확대해 나가는 것[親親而仁民 仁民而愛物][55]이야말로 바람직한 도덕의 실천 방법이라는 것이다.

---

55) 『孟子』,「盡心」, 上, 45.

3. 확고한 도덕적 인격에 이르는 길

앞서 성인의 경지에 이르면 호연지기(浩然之氣)를 지니게 된다고 말한 바 있다. 그렇다면 호연지기란 정확히 무엇인가? 이 문제에 대한 제자의 질문에 맹자는 "설명하기 어렵다."라고 운을 뗀다. 당사자도 쉽게 설명하기 어려운 개념이니, 필자와 같은 주석가는 더 말할 필요도 없겠지만, 그렇다고 그냥 모른 채 넘어가는 것은 호기심을 가지고 이 글을 읽는 독자 여러분에 대한 예의가 아닐 뿐 아니라, 호연지기에 대해 설명하는 가운데 매우 중요한 내용이 등장하므로, 짐작가는 대로 설명해 보도록 하겠다.

'호연(浩然)'이라는 말은 "드넓게 사방에 영향을 미치는 모습"을 묘사한 형용사라는 데 큰 이의가 없는 듯하다. 다양한 의미로 사용되는 '기(氣)'라는 말을 어떻게 풀이할까 하는 것은 참으로 어려운 문제이지만, '살기(殺氣)', '온기(溫氣)', '독기(毒氣)'와 같이 현대어에서 쉽게 찾아볼 수 있는 용례를 통하면 그나마 이해가 용이할 것이다. "살기를 띤 얼굴"이나 "온기가 느껴지는 말투"와 같은 표현에서 그 말은 아마도 "풍기는 기운" 혹은 "강한 느낌을 전하는 분위기" 정도의 의미로 보면 무난할 것이다. 그렇다면 호연지기란 "드넓게 사방에 영향을 끼치는 기운 혹은 그러한 느낌이 강하게 나는 분위기"로 표현할 수 있다.

이 호연지기에 대한 언급은 어떤 상황이 오더라도 마음이 흔들리지 않는 경지인 부동심(不動心)에 대한 결말에 해당한다.56) 맹자는 부동심에도 등급이 있음을 암시하면서, 먼저 북궁유라는 사람의 부동심에 대해 언급한다. 그는 피부를 칼로 찔려도 몸서리치거나 눈빛이 변하지 않았으며, 상대가 제아무리 왕이라도 자신을 모욕하면 반드시 보복하되, 왕을 살해하는 것도 보잘것없는 사람을 죽이는 것과 다를 바 없이 여겼다고 한다.

---

56) 아래에 나오는 부동심, 호연지기, 물망물조장 등의 내용은 모두 『孟子』, 「公孫丑」, 上, 2에 나온다.

이 설명을 듣노라면 『싸움의 기술』이라는 영화에서 백윤식이 연기한 주인공이 떠오른다. 최고 수준급의 건달이자 싸움꾼인 그는 싸움의 기술도 화려하지만, 심지어 칼로 찔린 상황에서도 전혀 개의치 않는 듯한 표정과 태도로 상대방의 기를 죽인 후 그 대가를 치르도록 한다. 자객으로 추정되는 북궁유 또한 이런 기백으로 자신의 진가를 보여준 듯하다.

그보다 한 단계 위로 맹시사라는 사람은 이기지 못할 상황에서도 이길 수 있는 것처럼 여겨, 적의 수나 상황의 유불리에 개의치 않고 두려움 없이 싸움에 임했다고 한다. 계백을 연상케 하는 것으로 보아 이 사람은 아마도 역전의 명장이었던 듯하다.

상대적으로 낮은 두 단계의 부동심을 설명한 뒤, 그와는 차원이 다른 맹자 식의 부동심으로 소개된 것이 바로 호연지기이다. 맹자는 "그것은 의로운 행위가 모여서 이루어진 것이지, 어느 날 한 번 의로운 행위를 했다고 해서 얻을 수 있는 것이 아니다. 행동이 의롭지 못해 마음에 흡족하지 못한 부분이 있으면 호연지기가 굶주린 것처럼 된다."라고 말한다.

이 말의 의미는 분명하다. 아리스토텔레스의 "제비 한 마리가 왔다고 해서 여름이 온 것은 아니다."라는 말과 일맥상통한다. 어쩌다가 한 번 도덕적이고 유덕한 행위를 했다고 해서 그 사람이 유덕한 사람이 되는 것은 아니다. 확고한 도덕적인 인격을 갖춘 사람이 되기 위해서는 유덕한 행위가 축적되어, 그것이 자연스러울 뿐 아니라 즐거운 것이 되어야 한다. 칸트 식으로 말하면 "제2의 천성"이 되어야 하는 것이요, 맹자 식으로 말하면 미미한 싹이 튼튼한 뿌리를 가진 아름드리가 되도록 하는 것이다.

맹자는 호연지기를 기르는 방법에 대해 사례를 들어 가면서 구체적으로 설명한다.

반드시 그것을 일삼아 하되, 결과를 예단해서는 안 된다. 마음속에서 그것을 잊어서도 안 되지만, 송나라 사람처럼 억지로 자라게 하려 해서도 안 된다. 송나라 사람은 벼가 자라지 않는 것을 안타깝게 생각하여 그것을 조금씩 뽑아 올린 것이다. 그러고는 아무 생각 없이 돌아와서는 집안사람들에게 "오늘은 벼가 자라는 것을 도와주고 왔더니 피곤하구나."라고 말하였다. 그 아들이 재빨리 뛰어가서 살펴보니 벼는 말라 죽어 있었다. 천하 사람들 가운데 벼가 자라는 것을 돕지 않는 사람은 드물다. 무익하다 여겨 버려두는 사람은 김을 매지 않는 것과 같고, 벼가 자라는 것을 돕는 사람은 벼를 뽑는 것처럼 도움이 되지 않을 뿐 아니라 해를 끼치는 것이다.

김을 매지 않고 방치해 두는 것은 양주와 같은 부류의 사람들을 지칭한다. 타인에 대한 배려는 우리 마음속에 새싹처럼 미약하게 주어져 있다. 물을 주고 주변의 잡초를 제거하는 등 관리에 세심하게 신경을 쓰지 않는다면, 그 싹은 금세 죽어 버리고, 잡초만이 무성하게 된다. 우리는 짐승과 다름없어지고, 인간 사회는 약육강식의 정글이 되어 버릴 것이다.

하지만 그렇다고 해서 싹의 자연스러운 성장 과정을 고려하지 않고, 빨리 좋은 결과를 보기 위해 조급한 태도를 보인다면 일을 그르치기는 마찬가지다. 이는 물론 도덕심을 자연스럽게 배양해 가기보다 곧바로 보편적인 사랑을 억지로라도 실천하기를 강요하는 묵자와 같은 사람을 겨냥한 것이다.

학문적으로 접근할 때는 이 구절의 중요성이 잘 와 닿지 않았다. 그런데 이후 삶을 살아가면서 무언가를 성취하고자 노력할 때마다 이 내용을 떠올리지 않은 적이 없었다. 방치해서는 목표를 이룰 수 없다는 것은 누구나 알지만, 조급한 마음으로 벼를 뽑으면서 결과에 조급해하는 것이 그것 못지않게 해롭다는 사실을 사람들은 쉽게 깨닫지 못한다.

현대 여성들의 염원인 다이어트를 예로 들어 보자. 70킬로그램인 여성이 15킬로그램 감량을 목표로 운동과 식이요법을 병행하기로 결심했다고 하자. 이 결심이 제대로 결실을 거두는

경우는 1퍼센트도 채 되지 않으며, 그 적은 수의 사람들 가운
데 대부분은 요요현상으로 또 다른 어려움을 겪곤 한다. 이유
는 단순하다. 지나치게 무리한 식이요법과 운동 때문이다.

사실 살을 빼는 방법은 매우 단순하다. 섭취하는 것보다 더
많은 칼로리를 소모하면 된다. 맛있게 먹을 일이 생기면, 억지
로 그것을 거스르려 하지 말고 맛있게 먹되, 섭취한 것 이상의
칼로리를 소모할 수 있는 운동을 하면 된다. 힘든 운동일 필요
도 없다. 빠른 속도로 걷는 것으로 충분하다. 물론 쉬운 일은
아니며, 결과가 빨리 눈에 보이지도 않는다. 하지만 한 가지는
확실하다. 그런 식으로 실천하다 보면, 삶의 가장 큰 기쁨 가
운데 하나인 먹는 즐거움을 만끽하면서도 살을 뺀다는 목표를
달성할 수 있다.

사람들이 이런 방법을 택하지 않는 이유는 한 가지이다. 빨
리 성과를 내고 싶은 것이다. "한 달에 몇 킬로그램"이라는 목
표를 세우고, 그것을 억지로 달성하기 위해 노력한다. 식사는
채소와 닭 가슴살, 계란 흰자 등으로 엄격히 제한하고, 군인들
도 가장 싫어하는 유격 훈련에서나 할 만한 운동을 하루에 몇
시간씩 해댄다. 물론 그것은 불가능한 것이 아니며, 그렇게 해
서 몸짱이 되는 데 성공한 사람들이 실제로 있으니 그냥 하는
것이 좋을 듯하기도 하다.

수많은 헬스클럽과 강사들, 그리고 다이어트 식품 업체들은 마치 묵자처럼 그런 방식을 권유한다. "당신도 할 수 있어요." 라고 말이다. 하지만 앞서 말한 것처럼 그런 식으로 성공하는 사람은 극소수일 뿐 아니라, 설사 성공한다 해도 그런 생활이 과연 행복한가 하는 의문을 지울 수 없다.

외국어를 배우기 위해 수업을 듣다 보면, 외국어를 높은 수준까지 익히는 방법은 간단하다. 주어지는 과제를 어느 정도 충실히 해가면서 오랜 기간 포기하지 않고 수업에 참여하기만 하면 된다. 수영이나 테니스와 같은 운동도 예외는 아니다.

서른 살이 넘어서야 처음 수영을 배운 나는 초급반에서 거의 꼴찌를 하며 절망감을 느끼고, "개인 교습을 받아야 하나?" 라는 특단의 조치까지 고려했지만, 서너 달 후 그 반에서 2등이 되어 있는 나 자신을 발견할 수 있었다. 몇 달 사이에 30명 가운데 28명이 그만둔 것이다. 그리고 또 1년쯤 쉬지 않고 한 시간씩 노력하자, 수영장 100바퀴를 쉬지 않고 왕복하는 경지에 이를 수 있게 되었다.

처음 수영을 배울 때부터 "석 달째에는 자유형을 마스터하고, 다음 달에는 평영과 배영을, 그리고 그 다음 달에는 접영을 마스터한 뒤, 1년 내에 5킬로미터 완주에 성공해야지."라고 마음을 먹고, 반드시 그 목표를 달성하기 위해 수단과 방법을 가리지 않고 노력한다면, 성공의 가능성도 높지 않으려니와 그 과정 자체가 몹시 고통스러울 것이다.

수영을 배우고 싶어서 시작했음에도, 그것을 오랜 기간 지속함으로써 일정 경지에 오르는 것은 쉽지 않으며, 그 과정 속에서 행복을 느끼는 것은 더더욱 힘든 일이다. 아니, 과정 자체에서 행복을 느낄 수 있도록 자신에게 과부하를 걸지 않고 속도를 조절하는 것이야말로 오랫동안 지속해 나갈 수 있는 원동력이다.

집사람의 지인은 아이에게 책과 미술에 대한 관심을 심어 주기 위해서 2-3세 무렵부터 매주 한 번씩 도서관과 미술관에 데려갔다고 한다. 그랬더니 몇 년 뒤에 아이가 가장 싫어하는 곳은 도서관과 미술관이 되었다고 한다. 그 부모는 아이의 관심이라는 싹을 세심하게 보살펴야 함에도, 지나친 성장 촉진제를 치는 것도 모자라 싹을 조금씩 잡아 뽑음으로써 싹을 아예 죽여 버린 것이다.

우리나라의 많은 부모들은 아이가 글도 제대로 읽지 못할 때 전집을 사 줌으로써 문학에 대한 싹을 뽑고, 선행학습을 시킴으로써 학과 공부에 대한 싹을 뽑으며, 때리면서 입상을 시키는 코치에게 운동을 배우게 함으로써 운동에 대한 싹을 뽑는다. 그렇게 하면 당장은 싹이 다른 싹보다 더 커 보이겠지만,

적절한 영양을 공급받고 스스로 행복감을 느끼면서 자란 싹들이 나중에 아름드리나무가 되어 크게 열매를 맺을 때, 일찍 뽑혀 버린 싹은 생명이나 유지하면 다행인 것이다.

"열다섯에 배움에 뜻을 두고 … 칠십이 되어서야 마음 가는 대로 행동해도 법도에 어긋남이 없었다."[57]라는 공자의 술회에서 볼 수 있는 것처럼, 도덕적인 자기 수양의 과정은 평생에 걸쳐 계속되어야 하는 길고 긴 여정이다. 몇 년 동안의 공부나 운동을 하는 데에도 적절한 행복감이 수반되지 않으면 중간에 포기하기 마련인데, 평생을 계속해야 하는 과업이라면 말할 필요조차 없을 것이다.

스스로에 대해 신뢰하지 못하고 스스로를 포기하고 방치하는 것, 즉 자포자기야말로 확고한 인격에 이르는 데 가장 커다란 장애물임은 분명하다. 하지만 많은 사람들이 분명히 깨달아야 할 보다 절실한 문제는 자연스러운 인격 형성의 과정을 무시한 과도한 주입식 교육 또한 그 못지않게 일을 그르친다는 사실이다.

---

57) 『論語』, 「爲政」, 4.

4. 몇 가지 오해들 ― 사단(四端)과 의리(義利)

　맹자에 대한 교과서적이고 상식적인 이해를 가진 독자라면 이 글을 읽으면서, "어? 성선설은 모든 인간에게 측은지심, 수오지심, 사양지심, 시비지심의 사단(四端)이 있다는 말인데, 왜 이 글에서는 사단에 대해 일언반구도 없는 것일까?"라는, 그리고 좀 더 깊이 있는 지식을 가진 독자들은 "의로움[義]과 이익[利]을 구분하는 것도 맹자의 핵심 내용인데, 이를 완전히 무시하는 것은 내용상 문제가 있는 것이 아닌가?"라는 의문을 가질 것이다.

　결론부터 말하자면, 이런 식의 사고야말로 맹자에 대한 오해를 낳고 재생산하는 결정적 원인이 되어 왔다. 맹자 성선설의 핵심을 사단에 대한 언급으로 이해하고, 맹자가 도덕과 이익을 물과 기름과 같은 관계로 보았다는 생각으로 인해, 맹자는 비논리적이고 신비주의적인 논리를 내세우는 대책 없는 몽상가가 되어 버리고 만 것이다.

맹자의 성선설에서 사단을 핵심적인 것으로 여길 경우, 맹자의 윤리는 여태까지 맹자의 논적으로 설명해 왔던 묵자나 고자, 그리고 역으로 맹자를 직접적으로 겨냥했던 순자와 그의 계보를 잇는 주희의 그것과 전혀 다를 것이 없어지고 만다. 옳고 그름에 대한 직관적인 앎이 도덕에서 핵심적인 역할을 할 수밖에 없기 때문이다.

사단 가운데 "옳고 그름을 판별하는 마음"인 시비지심(是非之心)은 '앎'과 관계되는 반면, 나머지 세 가지 단서는 '감정'과 관련되어 있다. 윤리의 핵심이 우리가 마땅히 해야 할 것과 하지 말아야 할 것을 구분하는 것이라면, 네 가지 단서 가운데 시비지심이 핵심적인 위치에 있고, 나머지 세 가지는 그에 종속되는 부수적인 역할을 할 수밖에 없다. 어떤 행위가 옳음을 알면서, 감정적으로 그렇게 하기 싫다는 이유로 그것을 거부하는 것을 도덕적이라고 할 수는 없을 것이기 때문이다.

만약 그렇다면 '사단'이 아니라 '일단(一端)'만으로도 충분하다고 주장할 수도 있을 것이다. "옳다는 것을 알고, 또 그것이 불가능한 것이 아니라면, 굳은 의지로 그것을 실천하라."라고 말한 묵자와 같은 사람들처럼, 당위에 대한 앎이 있다면 강력한 의지를 통해 그것을 행하고, 그것이 자신에게 제2의 천성이 되도록 함으로써 동기가 부여되도록 하면 된다고 주장할 수도 있을 것이기 때문이다.

거기에 감정적인 작용을 하는 세 가지 단서까지 덧붙여지면, 맹자는 결국 인간이란 도덕규범에 대해 직관적으로 알 수 있는 능력을 가지고 있을 뿐 아니라, 그에 대해 정서적으로 동기부여를 할 수 있는 능력까지도 가지고 있다고 주장한 셈이 된다. 많은 사람들이 맹자를 대책 없는 낙관주의자로 보는 것은 바로 이런 생각 때문이다.

여기에서 한 가지 주의할 점은 '직관'이라는 그럴싸한 어휘에 속아서는 안 된다는 사실이다. "나는 그 사실을 직관적으로 안다."라고 주장하는 사람은 실은 아무 내용도 없는 주장을 하고 있는 셈이다. 그 말은 "나는 그 사실을 그냥 안다."라는 말과 전혀 다를 바 없기 때문이다.

이는 주자학의 절대적인 영향 하에서 맹자를 독해할 때 피할 수 없이 생겨나는 문제점이다. 실제로는 순자의 노선에 서 있는 주희가 부활한 맹자의 화신이 되어 버렸기 때문이다. 도덕에 대한 직관적이고 형이상학적인 지식에 기초하여 모든 욕구를 통제해야 한다고 주장한 주자학적 입장에서 보면, 맹자는 묵자 식의 공리주의에 반대하여 오로지 당위만을 따라야 한다고 주장한 사람이었어야만 하는 것이다.

사단을 통해 맹자를 형이상학적인 신비주의자로 해석하고자 하는 유혹은 너무나도 강력하여, 신유학적 해석에서 벗어나고자 하는 연구자들에게도 그러한 유혹은 뿌리치기 힘들다. 그러나 『맹자』라는 텍스트 속에서 사단에 관해 언급하고 있는 것은 두 곳에 불과하며, 그나마도 거의 동일한 내용이 반복되고 있을 뿐이다.58) 결국 텍스트 내에서 사단에 대한 언급은 단 한 번뿐이라고 보아도 무방한 것이다.

특정 인물의 이론을 재구성할 때, 그가 거의 언급하지 않은 내용을 핵심 개념으로 삼을 경우, 설명의 많은 부분은 해석자의 자의적인 목적을 지지할 수 있는 상상력에 의해 채워질 수밖에 없다. 이런 식이라면 『맹자』에 단 한 번 등장하는 '리(理)'라는 개념을 핵심으로 삼아 맹자를 설명해서는 안 될 이유도 없으며, 이것이 주자학에서 맹자를 설명하는 방식이기도 하다. 결국 주희의 해석은 맹자에 대한 것이 아니라, 가면을 쓴 성리학적 이론에 불과하며, 유사한 다른 시도들도 마찬가지다.

---

58) 『孟子』, 「公孫丑」, 上, 6과 「告子」 上, 6에 나온다.

여기에서 주목할 점은 그것이 사지(四肢)와의 유비로 사용되고 있다는 사실이다. 인간의 본성에 도덕의 싹이 존재하는 것은, 마치 우리 몸이 사지를 가지고 있는 것처럼 천부적이고 자연스러운 것임을 보여주고자 한 것이다. '넷'이라는 숫자에 그 이상의 의미를 부여해서는 안 된다.

측은지심은 인간 본성에 내재하는 도덕의 싹과 그 확장의 과정을 설명하는 데 필수적인 개념이며, 그 완성태인 인간다움[仁]이라는 덕목은 『맹자』에 무수히 등장하지만, 나머지 세 가지 완성된 덕목이 맹자 논의의 핵심 주제로 등장한 적이 없음을 고려한다면, 시비지심은 물론, 나머지 단서들도 맹자를 설명하는 축으로 보아서는 안 된다. 앞서 말한 것처럼 해석자 자신의 자의적인 목적을 배제한 채, 맹자를 최대한 공정하게 해석한다면 말이다.

이 시점에서 "하지만 의(義)라는 개념은 맹자가 자주 언급할 뿐 아니라, 그의 논변에서 매우 중요한 역할을 하고 있지 않은가?"라는 질문이 예상되는 것은 너무나 당연한 일이다. 이런 질문을 하는 사람들은 앞서 말한 의로움과 이익을 구분하는 것의 중요성을 내세우며, 그에 대해 해명을 요구할 것이다.

의(義)란 인(仁)과 무관하거나 그에 상응하는 별개의 덕목이 아니라, 원초적인 사랑과 배려의 싹인 측은지심(惻隱之心)이인(仁)이라는 덕목으로 확충 및 확장되도록 매개해 주는 개념이다. 측은지심의 또 다른 이름인 공감이나 배려, 혹은 사랑은 혈연적 유대로 맺어진 가족 간에서 자연스럽게 드러나는데, 이 사랑이 혈연의 틀을 깨고 숭고한 의미를 가지도록 해주는 것이 바로 의(義)인 것이다.

이 책의 앞부분에서 이야기한 톰슨가젤의 사례에서조차도 가족 간의 관심과 배려는 존재한다. 인간이 그러한 상태에 머물고 만다면 인(仁)이라는 덕목을 거론하기는커녕, 짐승과 다를 바가 전혀 없는 것이다. 나의 자식에 대한 사랑을 유추하여 남의 자식에게까지 그 사랑이 미치도록 하고, 우리 집 어른에 대한 존경을 유추하여 남의 집 어른에게까지 미치도록 해야59) 비로소 인자(仁者)라고 할 수 있는데, 혈연의 울타리를 넘어 유비적으로 확장된 그 감정을 맹자는 언제나 의(義)라고 표현한 것이다.

맹자는 인(仁)을 "편안한 집"에, 그리고 의(義)는 "올바른 길"에 비유한다.60) 그런데 집에는 "편안한 집"뿐만 아니라 "천하의 넓은 집"이 상정되고 있다.61) 여기에서 "편안한 집"이 도

---

59) 『孟子』, 「梁惠王」, 上, 7.
60) 『孟子』, 「離婁」, 上, 10.
61) 『孟子』, 「藤文公」, 下, 2 및 「盡心」, 上, 36.

덕의 출발점으로서 인의 단서인 측은지심을 가리킨다면, "천하의 넓은 집"은 도덕의 완성태인 인(仁)이라는 덕목 그 자체라고 할 수 있다. 자연스럽고 편안한 혈연 간의 사랑과 배려의 감정을 노력을 통해 계속 확장 및 확충시켜서 천하라는 넓은 공간을 모두 편안한 내 집처럼 여길 수 있도록 하는 것이 도덕의 완성인 것이다. 이런 확장과 확충의 계기가 바로 의(義), 즉 "올바른 길"의 역할인 것이다.

우리는 처음에 자신의 집을 거점으로 행동을 시작한다. 그러나 이 길 저 길을 다니면서 행동반경이 넓어지면 자신이 사는 마을이 집처럼 편안히 느껴지게 되고, 행동반경이 넓어질수록 편안히 여기는 범위도 또한 넓어지게 된다. 맹자가 의(義)를 길이라고 정의하는 것은 바로 이와 같은 맥락이다.

올바른 길에 대한 경험을 넓히고 채움으로써, 궁극적으로는 어디를 가든 집처럼 편히 여기는 것, 다시 말해서 천하를 모두 내 집처럼 여기고 만민을 가족처럼 여기는 것이야말로 유학자들이 꿈꾸는 이상, 즉 대동(大同)이다. 어떤 상황에서도 길을 잃은 것처럼 당황하지 않는 것이 호연지기이며, 그것이야말로 진정한 인자(仁者)의 정신적 경지인 것이다.

자신이 공자의 뒤를 잇고 있으며 공자의 깊은 뜻을 밝혀 주고 있다고 명시적으로 자부하는 맹자에게 핵심은 여전히 '인

(仁)'일 수밖에 없었다. 하지만 공자에게 도전장을 던진 사람들을 반박하기 위해서는 그것을 보다 분석적으로 설득력 있게 설명할 필요가 있었는데, 그러한 작업을 위해 '의(義)'라는 도구적 개념이 필요했던 것이다.

이런 식으로 설명하면 이른바 의로움과 이익의 문제도 쉽게 이해 가능하다. 맹자는 개인적인 욕구나 이익의 추구를 그 자체로 나쁘다고 말한 적은 없다. 다만 자신만이 이익을 독점하고자 하는 행위를 비판했을 뿐이다. "국정을 농단하다."와 같은 문장에서 자주 등장하는 '농단'이라는 말은 이러한 맹자의 비판에서 유래한다.

> 옛날에 시장이라는 곳은 자신에게 있는 것을 자신이 가지지 못한 것과 바꾸는 장소였으며, 관리는 질서만을 유지할 뿐이었다. 그런데 어떤 천한 장부가 반드시 높은 언덕을 찾아 그에 올라서는 좌우를 둘러보면서 시장의 이익을 싹쓸이하니, 사람들이 모두 그를 천하게 여겼다.62)

앞서 설명한 것처럼 지도자조차도 재물이나 여색을 좋아하는 것이 문제시될 것이 없다. 다른 사람들도 자신과 같은 욕구

---

62) 『孟子』, 「公孫丑」, 下, 10.

를 가지고 있음을 인정하고, 더불어 그것을 충족하기만 한다면 말이다. 타인이 욕구의 좌절로 인해 겪는 고통은 나 몰라라 하고 자기 일신의 이익만 추구하는 것이 문제인 것이다. 그 사람은 사회의 병적인 존재이다. 사지 가운데 한 곳에 마비가 와서 그곳의 통증을 느끼지 못하는 사람처럼 말이다.

의로움과 이익이 극적으로 대비되어 보이는 『맹자』의 첫 구절도 이런 식으로 독해하면 쉽게 이해 가능하다. 맹자를 만난 양혜왕은 "먼 길을 마다 않고 오셨으니, 어떤 방법으로 우리나라를 이롭게 해주실 것입니까?"라고 묻는데, 이는 부국강병을 통해 다른 나라를 제압할 방책을 요구한 것이다. 이에 대한 맹자는 "왜 이익만을 추구하려 하십니까? 인과 의가 있을 뿐입니다."라고 대답한다. 맹자를 묵자와 순자, 주희 식의 금욕주의적이고 의지주의적인 직관주의 도덕론자로 오해하게 만드는 결정적인 대목 가운데 하나가 바로 이 말이다.

그러나 그 바로 뒤에서 맹자는 "왕이 자기 나라의 이익만을 추구하면, 대부는 자기 집안의 이익만을 추구하고, 선비와 일반 백성들은 자기 일신의 이익만을 추구하여, 위아래가 모두 이익에 집착하게 되어 나라가 위태로울 것입니다."라고 말한다. 이를 재물이나 여색에 대한 대화와 연결시켜서 생각하면, "왕이 다른 나라와 함께 이로울 방법을 생각하면, 대부들은 다른 집안과 더불어 이로울 방법을 추구할 것이고, 선비와 일반 백성들도 다른 사람들과 다 함께 이롭고자 할 것입니다."라고 뒤집어서 표현할 수 있을 것이다.

맹자에게 의(義)란 욕구 충족이나 이익의 추구와 모순되는 개념이 아니다. 그것은 타인이나 다른 집단과 단절된 채, 오로지 자기 한 몸 혹은 자기 집단만이 이익을 농단하고자 하는 것을 비판하기 위한 것일 뿐이다. 그것은 원초적인 혈연관계 내의 공감과 배려가 타인에게로 확장되도록 하는 매개이며, 고립된 한 개인이나 집단의 이익을 넘어서 더불어 이익을 추구하고 함께 더 큰 행복을 만들어 갈 수 있도록 해주는 소통의 계기인 것이다.

에필로그

   많은 사람들은 유학 사상이 서구 민주주의의 기초가 되었다는 말을 들으면 전혀 이해가 되지 않을 뿐 아니라, 낡아빠진 사상을 포장하기 위한 기만적 술책이라고 생각할 것이다. 나도 처음에는 그러했다. 하지만 대학 졸업 무렵 내게 그 말을 처음 전해 준 사람은 수구적인 중국인이나 한국인이 아니라 미국의 역사학자인 H. G. 크릴이었다. 그리고 그의 주장에는 상당한 설득력이 있었다.

   이후 유학 전공자로서 유학 사상을 연구하면서 그의 주장이 옳았음을 실감하며, 그것을 내 삶의 신조로 삼기로 결심하였다. 맹자 사상의 기조는 인간에 대한 신뢰이며, 그것은 곧 자신에 대한 믿음과 자신감이기도 하다. 성선설이란 바로 이것에 다름 아니다.

교육에서는 그러한 잠재력을 살려 주는 데 중점을 두어야 한다. 아이들에게 기존의 제도와 규범을 무비판적으로 암기하고 수용하도록 강요할 것이 아니라, 자신의 잠재력을 펼칠 수 있도록 장려해야 한다. 제도와 규범은 시대 상황에 대한 인간의 주체적 반응의 결과물일 뿐이기 때문이다. 시대와 상황이 바뀜에 따라 그에 주체적으로 반응할 수 있는 교육이 필요한 것이다.

모든 사람은 성인이 될 가능성을 가지고 있으며, 누구나 노력을 통해 그렇게 될 수 있다는 점에서 평등하다. 어느 누구도 태생적으로 혹은 형이상학적으로 타인보다 우월하거나 열등하지 않으며, 따라서 국가와 사회의 모든 정책은 한 사람 혹은 소수가 아니라 다수의 소리에 의해 결정되어야 한다. 그것이 바로 하늘의 뜻인 것이다.

민심(民心), 곧 천심을 거스르지 않는, 나아가 베풂의 미덕을 통해 민심을 얻는 자가 지도자가 되어야 하며, 그것이야말로 통치자와 피치자가 더불어 최고의 행복을 누릴 수 있는 사회이기도 하다. 인간은 고립된 원자와 같은 존재가 아니라, 나로부터 가족과 집단을 넘어서 사회 전체로 확장 가능한 존재이기 때문이다.

이런 사상을 내세운 맹자는 부와 권력을 가진 자들이 자신의 소유를 정당화하고자 하는 목적에 정면으로 반하였기 때문에, 표면상으로는 공자의 적통이라고 불리면서도 언제나 경계의 대상이었다. 명나라 때에야 이런 맹자의 사상을 정통으로 계승한 사람들에 의해 만민평등주의나 삼교합일론이 등장하며, 그것이 근대화의 뿌리로 평가받는 것도 바로 그것 때문이다.

맹자의 사상은 단순히 그것이 서구의 만민평등사상이나 민주주의의 시초였다는 심리적 위안의 계기에 불과하지 않다. 오히려 자유주의 사회의 개인주의적이고 원자론적인 폐해를 극복할 수 있는 대안을 상당히 내포하고 있다는 점에서 더욱 커다란 가치가 있다. 덕치(德治)로 수렴되는 수양과 확장에 대한 그의 이론이 바로 그것이다.

이제 그것은 내 삶의 지침이기도 하려니와, 이 책을 읽은 독자 여러분도 그로부터 소중한 메시지를 받았기를 바란다.

마음을 얻는 미친 리더십

1판 1쇄 인쇄   2017년 8월 20일
1판 1쇄 발행   2017년 8월 25일

지은이   긴 민 철
발행인   전 춘 호
발행처   철학과현실사

등록번호   제1–583호
등록일자   1987년 12월 15일

주소   서울특별시 종로구 동숭동 1–45
전화   (02) 579–5908
팩스   (02) 572–2830

ISBN 978–89–7775–803–2 03150
값 13,000원